VOYAGES

DE MONTAIGNE.

TOME SECOND.

JOURNAL DU VOYAGE

DE

MICHEL DE MONTAIGNE

EN ITALIE,

Par la Suisse & l'Allemagne en 1580.
& 1581,

Avec des Notes par M. DE QUERLON.

TOME SECOND.

A ROME;

Et se trouve à Paris,

Chez LE JAY, Libraire, rue Saint
Jacques, au Grand-Corneille.

M. DCC. LXXIV.

VOYAGES

DE

MICHEL DE MONTAIGNE

En Allemagne et en Italie.

$\mathcal{P}ADOUE$, dix-huit milles. Les hoſtelleries n'ont nulle compare-ſon, en nulle ſorte de tretemant, à ceus (*a*) d'Allemaigne. Il eſt vrai qu'ils ſont moins chers d'un

---

(*a*) A celles.

Tome II.   A

tiers, & approchent fort du pouint (*a*) de France. Elle eſt bien, fort vaſte, & à mon avis, a ſa cloture de la grandeur de Bordeaus pour le moins. Les rues étroites & ledes, fort peu peuplées, peu de belles maiſons : ſon aſſiete fort pleſante, dans une pleine deſcouverte, bien louin tout au tour. Nous y fuſmes tout le lendemein, & viſmes les eſcoles d'eſcrime, du bal, de monter à checval, où il y avoit plus de çant Jantilshomes François; ce que M. de Montaigne contoit (*b*) à grand' incommodité pour les jeunes hommes de noſtre païs qui y vont, d'autant que cete ſociété les acouſtume aus meurs & lingage de leur nation, & leur ôte le moïen d'acquerir des connoiſſances étrangieres. L'Egliſe S. Anthoine lui ſamble belle; la voute

---

(*a*) Du prix, ou taux.
(*b*) Comptoit.

n'eſt pas d'un tenant ; mais de pluſieurs enfonçures en dome. Il y a beaucoup de rares ſculptures de marbre & de bronſe. Il y regarda de bon œil le viſage du Cardinal Bembo *(a)* qui montre la douceur de ſes mœurs, & je ne ſçay quoy de la jantilleſſe de ſon eſprit. Il y a une ſalle, la plus grande, ſans piliers, que j'aïe jamais veu, où ſe tient leur juſtice *(b)* ; & à l'un bout eſt la teſte de *Titus Livius (c)* maigre, raportant un home ſtudieus

---

(a) Le fameux Bembe, l'un des plus beaux eſprits du ſeiziéme ſiécle, bon Poëte Latin, célebre ſur-tout par la pureté dont il affectoit d'écrire en cette langue.

(b) Sur cette magnifique ſalle d'audience, (la plus grande qu'il y ait au monde,) *Voyez les Voyages d'Italie*, de Meſſieurs Richard & de la Lande.

(c) Tite-Live, l'Hiſtorien Latin, & de toute l'antiquité, le plus éloquent.

& melancholicque, antien ouvrage auquel il ne reste (*a*) que la parole. Son epitaphe auſſy y eſt, lequel ayant trouvé, ils l'ont ainſi élevé pour s'en faire honneur , & avecques raiſon. *Paulus* le Juriſconſulte (*b*) y eſt auſſi ſur la porte de ce Palais; mais il (*Montaigne*) juge que ce ſoit ouvrage recent. La maiſon qui eſt au lieu des antienes Arènes n'eſt pas indigne d'eſtre veue, & ſon jardin. Les Eſcoliers (*c*) y vivent à bonne raiſon à ſept eſcus pour mois, le métre , & ſix le valet , aus plus honneſtes panſions. Nous en partimes le ſamedy bien matin , & par

---

(*a*) A deſirer.

(*b*) C'eſt Julius Paulus, né à Padoue, qui fut ſucceſſivement Prêteur, Conſul & Préfet du Prétoire, après Ulpien. Le Code eſt rempli de ſes déciſions, & il a écrit huit Livres du Digeſte.

(*c*) C'eſt-à-dire, les Académiſtes,

une très-belle levée le long de la riviere, aïant à nos côtés des pleines très-fertiles de bleds & fort ombragées d'abres, entresemés par ordre dans les champs, où se tiennent leurs vignes, & le chemin fourny de tout plein de belles mesons de plesances, & entre autres d'une maison de ceus de la race *Contarene* (*a*), à la porte de laquelle il y a un'inscription que le Roy y logea revenant de Poloigne (*b*). Nous nous rendismes à la

CHAFFOUSINE, vingt milles, où nous disnames. Ce n'est qu'une hostellerie, où l'on se met sur l'eau pour se rendre à Venise. Là abordent tous les bateaus le long de cete riviere, avec des engeins & des polies, que deus chevaus tour-

---

(*a*) C'est-à-dire, Contarini, ancienne & noble maison Vénitienne.

(*b*) Henri III, lors regnant.

nent à la mode de ceus qui tour-
nent les meules d'huile. On emporte
ces barques à tout (*a*) des roues
qu'on leur met au deſſous, par deſſus un planchier de bois pour les
jetter dans le canal qui ſe va randre en la mer (*b*), où Veniſe eſt
aſſiſe. Nous y diſnames, & nous
eſtans mis dans une gondole, viſmes (*c*) ſouper à

VENISE , cinq milles. Lendemein qui fut Dimenche matin, M.
de Montaigne vit *M. de Ferrier* (*d*)

(*a*) Avec.

(*b*) Adriatique.

(*c*) Vinmes.

(*d*) » Ce vieillard , qui a paſſé ſep-
» tante cinq ans , à ce qu'il dir, jouit
» d'un eage ſein & enjoué. Ses façons &
» ſes diſcours ont, je ne ſçay quoi, de
» ſcholaſtique , peu de vivacité & de
» pouinte. Ses opinions panchent fort évi-
» dammant, en matiere de nos affaires ,

Ambaſſadur du Roi , qui lui fit
fort bonne chere , le mena à la
Meſſe , & le retint à diſner avec
lui. Le Lundy M. d'Eſtiſſac & lui y
diſnarent encores. Entre autres diſcours dudiét Ambaſſadeur , celui-là
lui (*a*) ſembla eſtrange , qu'il n'a-
voit commerce avecq nul home de
la ville , & que c'étoit un humeur
de jans ſi ſoupçonneuſe que , ſi un
de leurs Jantilshomes avoit parlé
deus fois à lui , ils le tienderoint
pour ſuſpect : & auſſi ceſa , que la
ville de Veniſe valoit quinze çans
mille eſcus de rante à la Signeurie.
Au demeurant les raretés de cete
ville ſont aſſez connuës. Il (*Montaigne*) diſoit l'avoir trouvée autre
qu'il ne l'avoit imaginée , & un peu

» vers les innovations Calviniennes. » *No-
te du Manuſcrit , de la propre main de
Montaigne.*

(*a*) A Montaigne.

moins admirable. Il la reconnut (*a*), & toutes ſes particularités, avec extrème dilijance. La police, la ſituation, l'arſenal, la place de S. Marc, & la preſſe des peuples etrangiers, lui ſamblarent les choſes plus remerquables. Le Lundy à ſouper, 6 de Novembre, la Signora *Veronica Franca* (*b*), janti fame Venitiane, envoïa vers lui pour lui preſanter un petit livre de Lettres qu'elle a compoſé ; il fit donner deux eſcus audiĉt home (*c*). Le Mardy après diſner il eut la colicque qui lui dura deus ou trois heures, non pas des plus extremes à le voir, & avant

------

(*a*) La parcourut, & examina.

(*b*) Quelques années auparavant on avoit imprimé à Veniſe des Lettres Galantes de Célia, dame Romaine ; mais nous n'avons aucune idée de l'Ouvrage de Véronica Franca.

(*c*) Au commiſſionnaire ou porteur.

souper il randit deus grofses pierres
l'une après l'autre. Il n'y trouva pas
cete fameufe beauté qu'on attribue
aus Dames de Venife, & fi (*a*) vid
les plus nobles de celles qui en font
traficque (*b*); mais cela lui fembla
autant admirable que nulle autre
chofe, d'en voir un tel nombre,
comme de cent cinquante ou environ, faifant une dépenfe en meubles
& veftemans de princefses; n'ayant

(*a*) Et fi, cependant.

(*b*) Trafic. On fait combien étoient
fameufes autrefois les Courtifanes de Venife, qui faifoient payer bien cher le
feul plaifir de quelques momens d'entre-
tien, & dont les moindres faveurs avoient
un prix fixe. Le goût de la mufique y a
fait fuccéder les Virtuofes. C'eft maintenant chez les Cantatrices, & en général
chez toutes les femmes de Théâtre, qui
font au fond prefque la même chofe, qu'il
faut chercher cette opulence.

autre fons à fe meintenir que de cete traficque (*a*) & plufieurs de la nobleffe de là mefme, avoir des courtifanes à leurs defpens, au veu & fceu d'un chacun. Il louoit pour fon fervice une gondole, pour jour & nuict, à deus livres, qui font environ dix fept folds, fans faire nulle defpenfe au barquerol. Les vivres y font chers come à Paris; mais c'eft la ville du monde où on vit à meilleur conte (*b*), d'autant que la fuite des valets nous y eft du tout inutile, chacun y allant tout ful; & la defpenfe des vetemans de mefmes, & puis qu'il n'y faut nul cheval. Le Samedy, doufiefme de Novembre, nous en partimes au matin, & vifmes (*c*) à

(*a*) Ce trafic.

(*b*) Compte.

(*c*) Vinmes, ou plus exactement, re-vinmes.

LA CHAFFOUSINE, cinq milles. Où nous nous mîmes homes & bagage, dans une barque pour deus escus. Il (*Montaigne*) a accoutumé creindre l'eau, mais ayant opinion que c'est le sul (*a*) mouvemant qui offence son estomac, voulant essaïer si le mouvemant de cete riviere, qui est eguable (*b*) & uniforme, atendu que des chevaus tirent ce bateau, l'offenseroit, il l'essaïa, & trouva qu'il n'y avoit eu nul mal. Il faut passer deus ou trois portes (*c*) dans cete riviere, qui se ferment & ouvrent aus passans. Nous vinmes coucher, par eau, à

PADOUE, vingt milles. M. de Caselis laissa là sa compaignie, & s'y arresta en pansion, pour sept escus par mois, bien logé & treté.

(*a*) Seul.
(*b*) Egal.
(*c*) Ou écluses.

Il eût peu avoir un lacquais pour cinq efcus ; & fi ce font des plus hautes panfions, où il y avoit bonne compagnie, & notammant le fieur de *Millau*, fils de M. de *Salignac*. Ils n'ont communémant point de valets & fulemant un garçon du logis, ou des fames qui les fervent : chacun une chambre fort propre ; le feu de leur chambre & la chandele, ils fe le fourniffent. Le tretemant, come nous vifmes, fort bon. On y vit à très-grande raifon (*a*), qui eft, à mon avis, la raifon que plufieurs etrangiers s'y retirent, de ceus mefmes qui n'y font plus efcoliers. Ce n'eft pas la coutume d'y aller à cheval par la ville ny guiere fuivy (*b*). En Allemaigne je remarquois que chacun porte efpée au cofté, jufques aus

____

(*a*) A très-grand marché.
(*b*) Par des Valets.

maneuvres. Aus terres de cette Seigneurie, tout au rebours, perſonne n'en porte. Dimenche après diſner, 13 de Novembre, nous en partimes pour voir des beins qu'il y avoit ſur la mein droite. Il (*Montaigne*) tira droit à *Abano*. C'eſt un petit village près du pied des montaignes, au deſſus duquel, trois ou quatre cent pas, il y a un lieu un peu ſoublevé, pierreux. Ce haut qui eſt fort ſpacieus, a pluſieurs ſurjons de fontenes chaudes & bouillantes qui ſortent du rochier. Elles ſont trop chaudes entour leur ſource pour s'y beigner, & encore plus pour en boire. La trace autour de leur cours eſt toute griſe, come de la cendre bruſlée. Elles laiſſent force excremans (*a*) qui ſont en forme d'éponges dures. Le gouſt en eſt ſalé & ſouffreus. Toute la con-

---

(*a*) Sédimens, Scories.

trée est en fumée , car les ruisseaus qui escoulent par-cy par-là dans la pleine , emportent bien louin cete chaleur & la santur (*a*). Il y a là deus ou trois maisonnetes assez mal accommodées pour les malades , dans lesqueles on derive des canals de ces eaus , pour en faire des beins aus meisons. Non sulemant il y a de la fumée où est l'eau , mais le rochier mesme fume par toutes ses crevasses & jointures , & rand chaleur partout , en maniere qu'ils en ont percé aucuns endroits , où un home se peut coucher , & de cete exhalation se rechauffer & mettre en sueur : ce qui se faict soubdeinemant. Il (*Montaigne*) mit de cet eau en la bouche , après qu'elle fut fort reposée pour perdre sa chaleur excessive : il leur (*b*) trouva le goust plus salé

(*a*) Senteur, odeur.

(*b*) Lui.

qu'autre chose. Plus, à mein droite,
nous decouvrions l'abbaïe de Praïe,
qui est fort fameuse pour sa beauté, richesse & courtoisie à recevoir
& treter les etrangiers. Il (*Montaigne*) n'y voulut pas aler, faisant
état que toute cette contrée, & notamment Venise, il avoit à la re-
voir à loisir, & n'estimoit rien
cete (*a*) visite; & ce, qui la lui
avoit fait entreprandre, c'estoit la
faim extreme de voir cete ville. Il
disoit qu'il n'eût sçeu arrester ny
à Rome, ny ailleurs en Italie en
repos, sans avoir reconnu Venise,
& pour cet essaict s'étoit detour-
né de chemin. Il a laissé à Padoue,
sur cet esperance, à un maistre
François Bourges, François, les
œuvres du Cardinal Cusan (*b*),

(*a*) Présente.

(*b*) Nicolas de Cusa. Tous ses Ouvrages
de Théologie & de Mathématiques furent

qu'il avoit acheté à Venise. De Abano, nous passames à un lieu nommé S. (*San*) *Pietro*, (lieu) bas, & avions toujours les montaignes à notre main droite, fort voisines. C'est un païs de preries & pascages qui est de mêmes tout en fumée en divers lieus de ces eaus chaudes, les unes brûlantes, les autres tiedes, autres froides : le goust un peu plus mort & mousse (*a*) que les autres, moins de santur de souffre, & , quasi pouint du tout, un peu de salure. Nous y trouvames quelques traces d'antiques bastimans. Il y a deux ou trois chetifves maisonnettes autour, pour la retraite des malades ; mais, à la vérité, tout cela est fort sauvage, & ne

---

imprimés à Bâle, en 1565, en 3 vol. *in-folio*, & peut-être est-ce cette collection que Montaigne avoit achetée.

(*a*) Insipide, moins acidule.

ferois d'avis d'y envoïer mes amis.
Ils difent que c'eft la Seigneurie qui
n'a pas grand fouin de cela, & creint
l'abord des Seigneurs etrangiers. Ces
derniers beins lui firent refouvenir,
difoit il, de ceus de *Preiffac*, près
d'Ax (*a*). La trace de ces eaus eft
toute rougeaftre, & mit (*b*) fur fa
langue de la boue; il n'y trouva nul
gouft ; il croit qu'elles foint plus
ferrées. De là nous paffames le long
d'une très belle maifon d'un Jantilhome de Padoue , où eftoit M. le
Cardinal d'Efte (*c*) , malade des
goutes , il y avoit plus de deus mois
pour la commodité des beins , &
plus , (*pour*) le voifinage des Dames

(*a*) De Dax , ou mieux "d'Acqs , en
Gafcogne.

(*b*) Laiffa, 'dépofa.

(*c*) Louis d'Eft , frere du Duc de Eer-
rare , Alphonfe II.

de Venise, & tout jouignant, de là vinmes coucher à

BATAILLE (*a*), huit milles, petit village sur le canal del Fraichine (*b*), qui n'ayant pas de profondur, deus ou trois pieds par fois, conduit pourtant des batteaus fort étranges. Nous fumes là servis de plats de terre & assietes de bois à faute d'estein; autremant assés passablemant. Le Lundy matin je m'en partis devant avec le mulet. Ils (*c*) alarent voir des beins qui sont à cinq cens pas de là, par la levée le long de ce canal. Il n'y a, à ce qu'il (*Montaigne*) rapportoit, qu'une maison sur le being, avec dix ou douze chambres. En May & en Aoust ils disent qu'il y va

––––––––––––––––––

(*a*) Bataglia,

(*b*) Freschine.

(*c*) Montaigne & ses compagnons de voyage.

aſſés de jans, mais la pluſpart logent
audit bourg ou à ce Chateau du
ſeigneur *Pic*, où logeoit M. le
Cardinal d'Eſte. L'eau des beins deſ-
cend d'une petite crope (*a*) de montaigne, & coule par des canals en
ladite maiſon & au deſſous; ils n'en
boivent point, & boivent pluſ-
tot de celle de *S. Pierre*, qu'ils en-
voïent querir. Elle deſcent de cete
meſme crope par des canaus tous
voiſins de l'eau-douce, & bonne;
ſelon qu'elle prand plus longue ou
courte courſe, elle eſt plus ou moins
chaude. Il fut pour voir la ſource
juſques au haut, ils ne la lui ſurent
montrer, & le païerent (*b*) qu'elle
venoit ſous (*c*) terre. Il lui trouve
à la bouche peu de gouſt, come
à celle de S. Pierre, peu de ſantur

(*a*) Croupe.
(*b*) De cette raiſon.
(*c*) De deſſous.

de fouffre , peu de falure. Il penfe
que qui en boiroit en recevroit même effaict que de celes de S. Pierre.
La trace qu'elle faict , par fes con-
duicts , eft rouge. Il y a en cete maifon des beins & d'autres lieus où il
degoute fulemant de l'eau , fous laquelle on préfante le mambre malade (*a*). On lui dict que communéemant c'eft le front , pour les
maus de tefte. Ils ont auffi en quelques endrets , de ces canals , faict
de petites logettes de pierre , où
on s'enferme , & puis ouvrant le
fouspirail de ce canal , la fumée &
la chalur font incontinant fort
fuer ; ce font étuves feches , de quoy
ils en ont de plufieurs façons. Le
principal ufage eft de la fange (*b*).

(*a*) C'eft-à-dire , où l'on prend la douche. *Voyez les Effais , liv.* 2 *, ch.* 37.

(*b*) C'eft ce qu'on nomme *boues* en
médecine. D'où le mot *borbeux, bourboneux,*

Elle ſe prand dans un grand bein qui eſt audeſſous de la maiſon, au deſcouvert, a-tout (*a*) un inſtrumant de quoy on la puiſe pour la porter au logis qui eſt tout voiſin. Là ils ont pluſieurs inſtrumans de bois propres aus jambes, aus bras, cuiſſes, & autres parties, pour y coucher & enfermer leſdicts mambres, ayant ramply ce veſſeau de bois tout de cete fange ; laquelle on renouvelle ſelon le beſouin. Cete boue eſt noire come cele de *Barbotan*, mais non ſi graneleuſe, & plus graſſe, chaude d'une moïene chaleur, & qui n'a quaſi pouint de ſantur (*b*). Tous ces beins-là n'ont pas grande commodité, ſi ce n'eſt le voiſinage

---

fangeux, & le nom de *Bourbon*, *Bourbone*; Trippault, pag. 50, Orléans, 1580.

(*a*) Avec.

(*b*) D'Odeur.

de Venife ; tout y eft groffier &
mauffade. Ils partirent (*a*) de Batail-
lé, après des-iuner, & fuivirent ce
canal. Bien près delà ils rancontrarent le pont du canal qu'on nomme
le canal à deus chemins, élevés
d'une part & d'autre. En cet endroit
on a fait des routes (*b*) par le dehors, de la hauteur defdicts chemins, fur lefquelles les voyageurs
paffent. Les routes par le dedans fe
vont baiffant jufques au niveau du
fond de ce canal : là où il fe faict un
pont de pierre qui foutient ces deus
voutes, fur lequel pont coule ce
canal. Par le deffus d'une voute à
l'autre, fur ce canal, il y a un pont
fort haut, foubs lequel paffent les
bateaux qui fuivent le canal, & audeffus ceus qui veulent traverfer ce
canal. Il y a un autre gros ruiffeau

(*a*) Montaigne & fa compagnie.
(*b*) Des chauffées.

tout au fond de la pleine , qui vient
des montaignes , duquel le cours
traverſe ce canal. Pour le conduire ,
ſans interrompre ce canal, a été faict
ce pont de pierre ſur lequel court le
canal, & au-deſſous duquel court
ce ruiſſeau & le tranche ſur un
planchier reveſtu de bois par les
flancs, en maniere que ce ruiſſeau
eſt capable de porter baſteaus ; il
aroit (*a*) aſſés de place & en largeur & en hauteur. Et puis ſur le
canal d'autres bateaus y paſſant con-
tinuellemant , & ſur la voute du
plus haut des pons des coches , il
y avoit trois routes l'une ſur l'autre (*b*). De là , tenant tous iours

-----

(*a*) Auroit.

(*b*) Toute cette deſcription n'eſt pas
fort claire. Ces ponts, ces voûtes , ces routes, ces coches, ces canaux, ce ruiſſeau
qui vient les traverſer, l'embrouillent un
peu ; mais avec quelque attention on s'en
tire, & l'on conçoit à-peu-près la choſe.

ce canal à mein droite, nous cou-
teïames (*a*) une vilete nommée
Montfelife (*b*), baffe, mais de laquelle la cloſture va juſques au
haut d'une montaigne, & enferme
un vieus chateau qui appertenoit
aus antiens feigneurs de cette ville :
ce ne ſont aſteure (*c*) que ruines.
Et laiſſant là les montaignes à droite, ſuiviſmes le chemin à gauche,
relevé, beau, plain (*d*), & qui doit
eſtre en la ſaiſon plein d'ombrages ;
à nos coſtés des pleines très fertiles,
aïant, ſuivant l'uſage du païs, parmy
leurs champs de bleds, forces abres
rangés par ordre, d'où pandent leurs
vignes. Les beufs fort grands & de
couleur gris, ſont là ſi ordineres
que je ne trouvay plus etrange ce

(*a*) Cotoyames.
(*b*) *Montcelefe.*
(*c*) A cette heure.
(*d*) Aplani, plat.

que j'avois remarqué de ceux de l'Archiduc Fernand. Nous nous rancontrames fur une levée, & des deus parts des marêts qui ont de largeur plus de quinfe milles, & autant que la veue fe peut eftandre. Ce font autrefois efté (*a*) des grands eftangs, mais la Seigneurie s'eft effaïé de les affécher, pour en tirer du labourage ; en quelques endrets ils en font venus à-bout, mais fort peu. C'eft à préfant une infinie étandue de païs boueus, fterile, & plein de cannes (*b*). Ils y ont plus perdu que gagné à lui vouloir faire changer de forme. Nous paffames la riviere d'Adiffe (*c*), fur noftre mein droite, fur un pont planté fur deus petits bateaux capables de

---

(*a*) C'étoient autrefois.

(*b*) De joncs, de rofeaux.

(*c*) D'Adige.

Tome II.   B

quinſe ou vint chevaux ; coulant le long d'une corde attachée à plus de cinq cens pas de là dans l'eau ; & pour la ſoutenir en l'air , il y a pluſieurs petits bateaux jetés entre deus , qui , à tout (*a*) des fourchettes , ſoutienent cete longue corde. De là nous vinmes coucher à

ROVIGO , vint & cinq milles , petite vilete appertenant encore à ladite Seigneurie (*b*). Ils commençarent à nous y ſervir du ſel en maſſe , duquel on en prend come du ſucre. Il n'y a pouint moindre foiſon de viandes qu'en France , quoyqu'on aïe acoutumé de dire , & de ce qu'ils ne lardent pouint leur roſti , (*cela cependant*) ne lui oſte guiere de ſaveur. Leurs chambres , à faute de vitres & cloſture des feneſtres , moins propres qu'en Fran

____

(*a*) Avec.
(*b*) De Veniſe.

ce ; les licts font mieux faicts, plus unis, à tout (*a*) force de materas (*b*) ; mais ils n'ont guiere que des petits pavillons mal tiſſus, & ſont fort eſpargnans de linſuls (*c*) blancs. Qui iroit ſul, ou à petit trein, n'en auroit pouint. La cherté, comme en France, ou un peu plus. C'eſt là la ville de la naiſſance du bon *Célius*, qui s'en ſurnomma *Rodoginus* (*d*) : elle eſt bien jolie, & y a une très-belle place ; la riviere d'Adiſſe (*e*) paſſe au milieu. Mardy au matin, 15e de Novembre, nous

---

(*a*) Avec.

(*b*) Matelas.

(*c*) De draps.

(*d*) *Ludovicus-Cœlius*, dit *Rodiginus*, ſçavant Profeſſeur de Padoue, Maître de Jules-Céſar Scaliger, & connu principalement par ſes *Antiquæ Lectiones*, mort en 1525.

(*e*) D'Adige.

partifmes de là , & après avoir faict un long chemin fur la chauffée , come celle de Blois , & traverfé la riviere d'Adiffe (*a*) , que nous rancontrames à noftre mein droite , & après , celle du Po , que nous trouvames à la gauche , fur des pons pareils au jour precedant , fauf que fur ce planchier il y a une loge (*b*) qui s'y tient , dans laquelle on paie les tribus (*c*) en paffant , fuivant l'ordonnance qu'ils ont là imprimée & prefcripte ; & au milieu du paffage arrêtent leur bateau tout court , pour conter (*d*) & fe faire paier avant que d'aborder. Après eftre defcendus dans une pleine baffe , où il famble qu'en temps bien pluvieus le chemin feroit inacceffible , nous

---

(*a*) D'Adige.
(*b*) Ou patache fixée.
(*c*) Les droits de péage.
(*d*) Compter.

nous randimes d'une trete , au soir , à

FERRARE , vint milles. Là pour leur foy & bollette (*a*) , on nous arresta longtemps à la porte : & ainsi à tous (*b*). La ville est grande comme Tours , assise en un païs fort plein (*c*) ; force palais ; la pluspart des rues larges & droites ; fort peu peuplée. Le Mercredy au matin MM. d'Estissac & de Montaigne alarent baiser les meins au Duc (*d*). On lui fit

---

(*a*) Pour les passeports & billets de santé.

(*b*) Les autres endroits.

(*c*) Plain , uni.

(*d*) Alphonse d'Est , deuxieme du nom Duc de Ferrare , de Modène & de Reggio , mort sans postérité le 27 Octobre 1597. Il étoit fils unique d'Hercule II , mort en 1558 , & de Renée de France , fille cadette du bon Roi Louis XII , bienfaitrice de *Clément Marot* , de *Lion Jamet* & de *François Rabelais.*

entendre leur deſſein : il envoya
un Seigneur de ſa Cour les recueillir, & mener en ſon Cabinet,
où il étoit avec deux ou trois. Nous
paſſames au travers de pluſieurs
chambres cloſes, où il y avoit pluſieurs Janrils - homes bien vétus.
On nous fit entrer. Nous le trouvames debout contre une table, qui
les attendoit. Il mit la mein au
bonnet, quand ils entrarent, & ſe
tint tous-iours deſcouvert tant que
M. de Montaigne parla à lui, qui
fut aſſés longtems. Il lui demanda
premieremant, s'il entendoit la langue (*a*) ? & lui ayant eſté reſpondu
que *oui*, il leur dit en Italien très-
eloquent, qu'il voïoit très volantier
les Jantils-homes de cette nation,
étant ſerviteur du Roy Très Chreſ-
tien, & très-obligé. Ils eurent quelques autres propos enſamble, &

(*a*) Italienne.

puis se retirarent; le Seigneur Duc
ne s'étant jamais couvert. Nous
vismes en un'eglise (*a*), l'effigie de
l'Arioste (*b*), un peu plus plein de
visage qu'il n'est en ses livres (*c*);
il mourut eagé de cinquante neuf
ans le 6 de Juing 1533. Ils y servent le fruit sur des assietes. Les
rues sont toutes pavées de briques.
Le portiques qui sont continuels à
Padoue & servent d'une grande
commodité pour se promener en
tous temps à couvert & sans crotes,
y sont à dire (*d*). A Venise les rues
& pavés de mesme matiere, & si
pandant (*e*), que il n'y a jamais

(*a*) Dans celle des Bénédictins.

(*b*) C'est-à-dire, son buste en marbre
blanc qui est sur son tombeau.

(*c*) C'est-à-dire, dans son portrait mis
à la tête de ses œuvres, dans les anciennes éditions d'Italie.

(*d*) Manquent à Ferrare.

(*e*) En talus ou pente.

B iv

de boue. J'avoy oblié à dire de Venife , que le jour que nous en partimes , nous trouvames fur noftre
chemin , plufieurs barques , aïant
tout leur vantre chargé d'eau douce :
la charge du bateau vaut un efcu
randue à Venife , & s'en fert-on à
boire ou à teindre les draps. Eftant
à Chaffoufine , nous vifmes comment à tout (a) des chevaus , qui
font inceffamment tourner une rouë,
il fe puife de l'eau d'un ruiffeau &
fe verfe dans un canal , duquel canal lefdits bateaus la reçoivent , fe
prefantans audeffous. Nous fumes
tout ce jour-là à Ferrare , & y vimes
plufieurs belles Eglifes , jardins &
maifons privées , & tout ce qu'on
nous dît être remerquable : entre
autres , aux Jéfuates , un pied de
rofier qui porte fleur tous les mois

(a) Avec.

de l'an , & lors mesmes (*a*) s'y en trouva une qui fut donnée à M. de Montaigne. Nous vismes aussi le Bucentaure que le Duc avoit faict faire pour sa nouvelle fame (*b*), qui est belle & trop jeune pour lui, à l'envi de celui de Venise , pour la conduire sur la riviere du Pô. Nous vismes aussi l'arsenal du Duc , où il y a une piece (*c*) longue de

---

(*a*) Au mois de Novembre 1580.

(*b*) Marguerite de Gonzague , fille de Guillaume , Duc de Mantoue.

(*c*) C'est-à-dire, une coulevrine , espece de canon , qui étant plus long que les pieces ordinaires , chasse beaucoup plus loin. Le diamètre de son calibre est d'environ cinq pouces, & son boulet de seize livres. On le nomme aussi *passe-mur*, *pélican*, *ribadoquin*. La coulevrine de Nanci est célébre ; elle a vingt-cinq pieds de long. *Voyez* Calmet , Histoire de Lorraine.

trente cinq pans (*a*), qui porte un pied de diametre. Les vins nouveaux troubles que nous beuvions, & l'eau tout ainſi trouble qu'elle vient de la riviere, lui (*b*) faiſoit peur pour ſa colicque. A toutes les portes des chambres de l'hoſtelerie, il y a eſcrit : *Ricordati della boletta* (*c*). Soudein qu'on eſt arrivé, il faut envoyer ſon nom au magiſtrat & le nombre d'homes (*d*), qui mande qu'on les loge, autremant on ne les loge pas. Le jeudy matin nous en partimes & ſuivimes un païs plein (*e*) & tres fertile,

---

(*a*) Pans. Le pan de France eſt de neuf pouces deux lignes, comme la palme de Gènes.

(*b*) A Montaigne.

(*c*) Souvenez-vous du billet de ville, ou de ſanté.

(*d*) De ſa ſuite ou compagnie.

(*e*) Uni.

difficile aus jans de pied en tamps de fange , d'autant que le païs de Lombardie eſt fort gras, & puis les chemins etant fermés de foſſés de tous coſtés , ils n'ont de quoy ſe garantir de la boue à cartier (*a*) : de maniere que pluſieurs du païs marchent à-tout (*b*) ces petites echaſſes d'un demy pied de haut. Nous nous randiſmes au ſoir , d'une trete , à

BOULONGNE (*c*) , trante milles. Grande & belle ville plus grande & puplée de beaucoup que Ferrare. Au logis où nous logeames , le jeune ſeigneur de *Montluc* , y étoit arrivé une heure avant , venant de France , & s'arreſta en ladite ville pour l'eſcole des armes & des chevaus. Le vendredy nous viſmes ti-

---

(*a*) En ſe détournant du chemin battu.
(*b*) Avec.
(*c*) Bologne.

B vj

rer des armes le Vénitian qui se
vante d'avoir trouvé des inventions
nouvelles en cet art là , qui com-
mandent à toutes les autres (*a*);
come de vray, sa mode de tirer est
en beaucoup de choses differante
des communes (*b*). Le meilleur de
ses escoliers estoit un jeune home
de Bordeaus , nomé *Binet*. Nous y
vismes un clochier carré , antien ,
de tele structure , qui est tout pandant (*c*) & samble menasser sa
ruine. Nous y vismes aussi les esco-
les des sciences, qui est le plus beau
batiment que j'aye jamais veu pour

(*a*) C'est-à-dire, les surpassent, les effa-
cent.

(*b*) L'Italie a été long-tems en réputation pour l'art des armes ; les plus anciens
livres d'Escrime que nous connoissions ,
sont Italiens.

(*c*) Ou panché. C'est la tour appellée
Garisenda , dont le surplomb est effrayant.

ce service (*a*). Le famedy après difner nous vifmes des Comediens ,
de quoi il (Montaigne) fe contenta
fort , & y print , ou de quelque
autre caufe , une doleur de tefte
qu'il n'avoit fenti il y avoit plufieurs ans ; & fi, en ce tems là , il
difoit fe trouver en un indolence
de fes reins , plus pure qu'il n'a-
voit acouftumé il y avoit longtans ,
& jouiffoit d'un benefice de vantre (*b*) , tel qu'au retour de Banieres : fa doleur de tefte lui paffa (*c*)
la nuict. C'eft une ville toute en-

- - -

(*a*) C'eft ce qu'on nomme *le fcuole* ,
bâties par Vignole.

(*b*) Cette naïve expofition de l'état
phyfique de Montaigne , retrace la fran-
chife du bon Horace.

Si ventri bene , fi lateri eft . . . nil
Divit æ poterunt regales addere majus. L. 1 , Ep. 12.

(*c*) Se diffipa pendant la nuit.

richie de beaus & larges portiques & d'un fort grand nombre de beaus palais. On y vit comme à Padouë, ou environ, & a très-bonne raiſon ; mais la ville un peu moins paiſible pour les parts (*a*) antienes qui ſont entre des partis d'aucunes races (*b*) de la ville, deſqueles l'une a pour ſoy les Francés de tout ramps, l'autre les Eſpaignols qui ſont là en grand nombre. En la place, il y a une très-belle fontene (*c*). Le dimanche, il (Montaigne) avoit délibéré de prandre ſon chemin à gauche vers *Imola*, la marche d'Ancone & Lorette, pour jouindre (*d*) à Rome ; mais un Alemant lui dict qu'il avoit eſté volé

(*a*) Les diviſions.

(*b*) Maiſons ou familles.

(*c*) Celle du Géant.

(*d*) Parvenir, arriver.

des bannis (*a*) fur le duché de Spolete. Einfin (*b*) il print à droite vers Florance. Nous nous jettames foudin dans un chemin afpre & païs montueux , & vinmes coucher à

LOYAN (*c*), fefe milles, petit village affés mal commode. Il n'y a en ce village que deus hofteleries qui font fameufes entre toutes celles d'Italie, de (*d*) la trahifon qui s'y fait aus paffans, de les paiftre de belles promeffes de toute forte de commodités, avant qu'ils mettent pied à terre, & s'en mocquer quand ils les tiennent à leur mercy : de quoy il y a des proverbes publi-

____

(*a*) Brigands qui infeftent les grands chemins.

(*b*) En conféquence, ainfi.

(*c*) *Loïano.*

(*d*) Par la trahifon.

ques (*a*). Nous en partimes bon matin lendemein , & suivismes jusques au soir , un chemin qui , à la verité , est le premier de notre voïage qui peut se nommer incommode & farouche , & parmi les montaignes plus difficiles qu'en nulle autre part de ce voïage : nous vismes (*b*) coucher à

SCARPERIE (*c*) , vint & quattre milles. Petite villete de la Toscane, où il se vend force estuis & ciseaus, & semblable marchandise. Il (*Montaigne*) avoit là tous les plesirs qu'il est possible , au debat des hostes. Ils ont cete coustume d'envoïer au-devant des etrangers sept ou huict lieuës , les éconjurer de prandre leur logis. Vous trouverez souvent l'hoste mesme à cheval , & en divers lieus

----

(*a*) Ou des dictons populaires.
(*b*) Vinmes.
(*c*) *Scarperia.*

plusieurs homes biens vestus qui vous guetent ; & tout le long du chemin, lui qui les vouloit amuser, se faisoit plaisammant entretenir des diverses offres que chacun lui faisoit, & il n'est rien qu'ils ne promettent (*a*). Il y en eut un qui lui offrit en pur don un lievre, s'il vouloit seulemant visiter sa maison. Leur dispute & leur contestation s'arreste aus portes des villes, & n'osent plus dire mot. Ils ont cela en général de vous offrir un guide à cheval à leurs despans, pour vous guider & porter partie de votre bagage jusques au logis où vous allez ; ce qu'ils font toujours, & païent leur despense. Je ne scay s'ils y sont obligés par quelque ordonnance à cause du dangier des chemins. Nous avions faict le marché de ce que nous avions à païer &

____

(*a*) *Anche ragazze e ragazze*

à recevoir à Loïan, dès Boulongne.
Preſſés par les jans de l'hoſte où
nous logeames & ailleurs, il en-
voioit quelqu'un de nous autres, viſiter tous les logis, & vivres & vins,
& ſantir les conditions, avant que
deſcendre de cheval, & acceptoit
la meilleure; mais il eſt impoſſible
de capituler ſi bien qu'on échape à
leur tromperie : car où il vous font
manquer le bois, la chandelle, le
linge, ou le fouin que vous avez
oblié à ſpécifier. Cete route eſt
pleine de paſſans; car c'eſt le grand
chemin & ordinere à Rome. Je fus
là averty d'une ſotiſe que j'avois
faite (*a*), ayant oblié à voir à dix
milles deça (*b*) Loïan, à deus milles
du chemin, le haut d'une montaigne,

(*a*) C'eſt évidemment Montaigne qui
parle.

(*b*) Au-deſſous de.

d'où en tamps pluvieus & orageus
& de nuict, on voit fortir de la
flâme d'une extrême hauteur (*a*);
& difoit le rapporteur qu'à grandes
fecouffes il s'en regorge par fois des
petites pieces de monnoie, qui a
quelque figure. Il eût fallu voir (ce)
que c'étoit que tout cela. Nous partimes lendemein matin de *Scarperia*
ayant notre hofte pour guide, &
paffames un beau chemein entre
plufieurs collines peuplées & cultivées. Nous détournames en chemin
fur la mein droite environ deus milles, pour voir un palais que le Duc
de Florence y a bafti depuis doufe
ans, où il amploïe tous fes cinq

(*a*) Ce doit être le fingulier volcan de
Pietra Mala, fur la route de Florence, &
à huit lieues de Bologne, décrit par M.
Delalande, dans fon Voyage d'Italie,
tom. 2, p. 134.

ſens de nature pour l'ambeſlir. Il
ſamble qu'exprès il aïe choiſy un'aſſiete incommode, ſtérile & mon-
tueuſe, voire & ſans fontenes, pour
avoir cet honneur de les aler querir
à cinq milles de là, & ſon ſable &
chaus, à autres cinq milles (*a*).
C'eſt un lieu, là, où il n'y a rien
de plein (*b*). On a la veue de pluſieurs collines, qui eſt la forme uni-
verſelle de cete contrée. La maiſon
s'apelle *Pratellino* (*c*). Le baſti-

(*a*) Les Princes qui ont la paſſion de
bâtir, cherchent moins à profiter d'un
beau ſite, où la nature a fait la moitié des principaux embelliſſemens, qu'à
créer dans des lieux ingrats où la dépenſe
eſt prodiguée ſans meſure : de-là ces maiſons où l'art a ſurmonté la nature, appellées, des *favoris ſans mérite*.

(*b*) *Planum*, d'uni.

(*c*) Aujourd'hui *Pratolino*, à deux
lieues de Florence, bâtie, ſelon M. Delalande, en 1575, par le Grand-Duc Fran-

mant y eſt mépriſable à le voir de
louin, mais de près il eſt très beau,
mais non des plus beaus de notre France. Ils diſent qu'il y a ſix vints chambres mublées ; nous en viſmes dix
ou douſe de plus beles. Les meubles ſont jolis , mais non magnifiques. Il y a de miraculeus , une
grotte à pluſieurs demures (*a*) &
pieces : cete partie ſurpaſſe tout ce
que nous ayons jamais veu ailleurs.
Elle eſt encroutée (*b*) & formée
partout de certene matiere qu'ils diſent eſtre apportée de quelques montagnes , & l'ont couſue à tout (*c*)
des clous imperceptiblemant. Il y a
non-ſulemant de la muſicque &

çois , fils de Côme I. *Voyez* ſon Voyage
d'Italie , *tom.* 2 , *p.* 456.

(*a*) Demeures , ou niches.

(*b*) Revêtue.

(*c*) Avec.

harmonie qui ſe faict par le mouvemant de l'eau , mais encore le
mouvemant de pluſieurs ſtatues &
portes à divers actes, que l'eau eſ-
branle , pluſieurs animaus qui s'y
plongent pour boire , & choſes ſamblables. A un ſul mouvemant, toute
la grotte eſt pleine d'eau , tous les
ſieges vous rejalliſſent (a) l'eau aus
feſſes (b) ; & , fuiant de la grotte ,
montant contremont les eſchaliers
du chateau , il ſort d'eus en deus
degrés de cet eſchalier , qui veut
donner ce pleſir , mille filets d'eau
qui vous vont baignant juſques au
haut du logis. La beauté & richeſſe
de ce lieu ne ſe peut repréſenter par
le menu. Audeſſous du chaſteau, il
y a , entre autres choſes, une allée
large de cinquante pieds, & longue

(a) Font rejaillir.
(b) *Voyez* la Deſcription de l'ancien
labyrinthe de Verſailles.

de cinq cens pas ou environ, qu'on
a rendu quaſi égale , à grande deſpanſe ; par les deus coſtés il y a des
longs & très beaus acoudouers de
pierre de taille de cinq ou de dix
en dix pas ; le long de ces acoudouers, il y a des ſurjons de fontenes dans la muraille, de façon que
ce ne ſont que pouintes de fontenes
tout le long de l'allée. Au fons , il y a
une belle fontene qui ſe verſe dans
un grand timbre (*a*) par le conduit
d'une ſtatue de marbre , qui eſt
une fame faiſant la buée (*b*). Ell'
eſprint une nape de marbre blanc,
du degout de laquelle ſort cet' eau,
& au deſſous , il y a un autre veſſeau , où il ſamble que ce ſoit de
l'eau qui bouille , à faire buée (*c*).

(*a*) Baſſin.

(*b*) La leſſive.

(*c*) On voyoit à peu-près le même mé-
caniſme d'automates agiſſans par l'effet de

Il y a auſſi une table de mabre en une ſalle du chaſteau en laquelle il y a ſix places, à chacune deſqueles on ſoubleve de ce mabre un cou-vercle à-toút (*a*) un anneau, au-deſſous duquel il y a un veſſeau qui ſe tient à ladite table. Dans cha-cun deſdits ſix veſſeaus, il ſourd un tret de vive fontene, pour y refreſ-chir chacun ſon verre, & au mi-lieu un grand à mettre la bouteil-le. Nous y viſmes auſſi des trous fort larges dans terre, où on con-ſerve une grande quantité de nège toute l'année, & la couche lon ſur

l'eau, dans le fameux *Rocher ʒophonoſi-que* (*), exécuté au palais de Lunéville, par le feu Roi Staniſlas, Duc de Lorraine. Journal de Trévoux, Janv. 1752, art. IV.

(*a*) Avec.

(*) Animé-réſonnant.

une

une lettiere (*a*) de herbe de ge-
net, & puis tout cela eſt recouvert
bien haut en forme de piramide de
glu (*b*), come une petite grange (*c*).
Il y a mille gardoirs (*d*), & ſe bâ-
tit le corps d'un geant, qui a trois
coudées de largeur à l'ouverture
d'un euil; le demurant proportion-
né de meſmes, par où ſe verſera
une fontene en grande abondance. Il
y a mille gardoirs & eſtancs (*e*),
& tout cela tiré de deus fontenes,
par infinis canals de terre. Dans une
très-belle & grande voliere, nous
viſmes des petits oiſeaus, come

(*a*) Litiere, lit.

(*b*) Gleu ou chaume.

(*c*) Telles ſont à-peu-près nos glacie-
res.

(*d*) Réſervoirs, regard.

(*e*) Réſervoirs, étangs, baſſins, piéces
d'eau.

Tome II. C

chardonerets, qui ont à la cuë (*a*) deus longues plumes, come celles d'un grand chappon. Il y a aussi une singuliere etuve. Nous y arrestames deus ou trois heures, & puis reprimes notre chemin & nous randimes par le haut de certenes colines, à

FLORENCE, 17 milles. Ville moindre que Ferrare en grandeur, assise dans une plene, entournée de mille montaignettes fort cultivées. La riviere d'Arne (*b*) passe au travers & se trajette à tout (*c*) des pons. Nous ne trouvasmes nuls fossés autour des murailles. Il (*Montaigne*) fit ce jour là deus pierres & force sable, sans en avoir eu autre resantimant que d'une legiere dolur au bas du vantre. Le mesme

------

(*a*) Queue.
(*b*) *L'Arno.*
(*c*) Avec.

jour nous y vifmes l'efcurie du
grand Duc, fort grande, voutée,
où il n'y avoit pas beaucoup de
chevaus de prix : auffi n'y eftoit-il
pas ce jour-là. Nous vifmes là un
mouton de fort etrange forme; auffi
un chameau, des lions, des ours,
& un animal de la grandeur d'un
fort grand mâtin de la forme d'un
chat, tout martelé (*a*) de blanc &
noir, qu'ils noment un tigre. Nous
vifmes l'Eglife St. Laurent, où pandent encore les enfeignes que nous
perdifmes fous le Marefchal Strozzi, en la Tofcane (*b*). Il y a en

—————————————————

(*a*) Marqué, tavelé.

(*b*) A la bataille de Marciano qu'il
perdit le 2 Août 1554, contre le Marquis de Marignan, & où il fut bleffé de
deux coups de feu. Pierre Strozzi n'éroit
point encore Maréchal de France, mais
il le fut dans la même année fous Henri
II. Voyez *Brantome*.

cete Eglife plufieurs pieces en plate
peinture & très beles ftatues excel-
-lentes, de l'ouvrage de Michel Ange.
Nous y vifmes le Dôme, qui eft une
très-grande Eglife , & le clochier
tout reveftu de mabre blanc &
noir : c'eft l'une des beles chofes du
monde & plus fumptueufes. M. de
Montaigne difoit jufques lors n'a-
voir jamais veu nation où il y eût
fi peu de beles fames que l'Italiene.
Les logis, il les trouvoit beaucoup
moins commodes qu'en France &
Allemaigne ; car les viandes n'y font
ny en fi grande abondance à moitié
qu'en Allemaigne, ny fi bien ap-
pretées. On y fert fans larder & en
l'un & en l'autre lieu; mais en Allemaigne elles font beaucoup mieus
affefonnées , & diverfité de fauces
& de potages. Les logis en Italie de
beaucoup pires ; nulles falles; les
fenétres grandes & toutes ouvertes,
fauf un grand contrevant de bois

qui vous chaſſe le jour, ſi vous en voulez chaſſer le ſoleil ou le vent : ce qu'il trouvoit bien plus inſupportable & irremédiable que la faute des rideaus d'Allemaigne. Ils n'y ont auſſi que des petites cahutes à tout (*a*) des chetifs pavillons, un, pour le plus, en chaque chambre, à tout (*b*) une carriole (*c*) au-deſſous ; & qui haïroit à coucher dur, s'y trouveroit bien ampeſché. Egale ou plus grande faute de linge. Les vins communéemant pires ; & à ceus qui en haïſſent une douceur lâche (*d*), en cete ſeſon inſupportable. La cherté, à la vérité, un peu moindre. On tient que Florence ſoit la plus chere ville d'Italie. J'avoy faiᴄt marché avant que mon

---

(*a*) Avec.
(*b*) Avec.
(*c*) Lit à roulettes.
(*d*) Fade, doucereuſe.

maistre arrivât à l'hostelerie (*a*) de l'*Ange*, à sept reales (*b*) pour home & cheval par jour, & quatre reales pour home de pied. Le mesme jour nous vismes un palais du Duc, où il prant plesir à besouigner lui-mesmes, à contrefaire des pierres orientales & à labourer (*c*) le cristal : car il est Prince souingneus un peu de l'Archemie (*d*) & des ars méchaniques, & surtout grand Architecte. Landemein M. de Montaigne monta le premier au haut du dome, où il se voit une boule

---

(*a*) Cette circonstance est du secrétaire ou scribe de Montaigne.

(*b*) La réale, monnoie Espagnole, vaut à présent environ sept sols six deniers monnoie de France. Reste à sçavoir ce qu'elle valoir alors.

(*c*) A travailler le cristal, c'est-à-dire, à faire des compositions de pierres & de cristaux factices.

(*d*) L'Alchymie.

d'airain doré qui samble d'embas de la grandur d'une bale, & quand on y est, elle se treuve capable de quarante homes (*a*). Il vit là que le mabre de quoy cete Eglise est encroutée, mesme le noir, comance deja en beaucoup de lieus à se demantir, & se font (*b*) à la gelée & au soleil, mesmes le noir ; car cet ouvrage est tout diversifié & labouré (*c*), *ce* qui lui fit creindre que ce mabre ne fût pas fort naturel. Il y voulsit (*d*) voir les maisons des Strozzes (*e*) & des Gondis (*f*), où ils ont encore de leurs

---

(*a*) C'est-à-dire, de les contenir. Phrase latine : *Capax quadrag. virorum.*

(*b*) Se gerse ou lézarde.

(*c*) Travaillé, sculpté.

(*d*) Il voulut y voir (à Florence.)

(*e*) Ou *Strozzi.*

(*f*) Les derniers ont passé en France avec les Reines de la maison de Médicis.

parans. Nous vifmes auffi le palais du Duc, où Cofimo (*a*) fon pere a faict peindre la prinfe de Sie-ne (*b*) & noftre bataille, perdue (*c*) Si eft-ce qu'en divers lieus de cete ville, & notammant audit palais aus antiennes murailles, les fleurs-de-lis tiennent le premier rang d'hon-nur (*d*). MM. d'Eftiffac & de Mon-taigne furent au difner du grand Duc : car là on l'appelle ainfi (*e*). Sa fame (*f*) eftoit affife au lieu

---

(*a*) Côme I.

(*b*) Cette place défendue par Blaife de Monluc, ne fe rendit qu'après un fiege de dix mois, en 1554.

(*c*) En la même année.

(*d*) A caufe des alliances faites entre la maifon de France & celle de Médi-cis.

(*e*) Comme on l'appelle encore.

(*f*) C'étoit la feconde femme du grand Duc *François-Marie*, lors régnant, ap-pellée *Blanche Capello*, Vénitienne, qui

d'honnur ; le Duc audeſſous ; au-
deſſous du Duc, la belle-ſeur de la
Ducheſſe ; audeſſous de cete cy , le
frere de la Ducheſſe , mary de cete-
cy. Cete Ducheſſe eſt belle à l'opinion Italienne , un viſage agréable
& imprieux (a) , le corſage gros ,
& de tetins à leur ſouhait. Elle lui
ſambla bien avoir la ſuffiſance d'a-
voir angeolé. (b) ce Prince , & de
le tenir à ſa dévotion long tamps.
Le Duc eſt un gros home noir , de
ma taille (c) , de gros mambres ,

---

avoit été ſa maîtreſſe pendant ſon premier mariage avec *Jeanne d'Autriche* ,
fille de l'Empereur Ferdinand I. François-Marie étoit pere de *Marie de Médicis* , ſeconde femme de Henri IV.

(a) Impérieux , impoſant.

(b) On écrit *enjoller*.

(c) Montaigne, Eſſais , *liv.* 2, *ch.* 17,
dit que ſa taille *un peu au-deſſous de la
moyenne* , étoit *forte & ramaſſée.* Il ſe
traite même de *petit-homme*, *ch. 6 du mé-*

le visage & contenance pleine de
courtoisie , passant tous iours descouvert au travers de la presse de
ses jans , qui est belle. Il a le port
sein (*a*) , & d'un homme de quarante ans. De l'autre costé de la table étoint le Cardinal (*b*) , & un
autre june de dix-huict ans ⌈(*c*) ,
les deus freres du Duc. On porte à
boire à ce Duc & à sa fame dans
un bassin , où il y a un verre plein
de vin descouvert , & une bouteil-

---

me *liv.* 2 , &c. C'est ainsi que le représente
la belle estampe de *Thomas le Leu* , gra-
vée en 1607 , que M. Jamet le jeune a
communiquée.

(*a*) L'air sain.

(*b*) Le Cardinal de Médicis, depuis
grand Duc , sous le nom de Ferdinand I.

(*c*) C'étoit apparemment un des deux
fils que Côme , pere du grand Duc régnant & du Cardinal , avoit eus de *Ca-
mille Marelli* , que le Pape Pie V l'obli-
gea d'épouser.

le (*a*) de verre pleine d'eau; ils prennent le verre de vin & en verſent dans le baſſin autant qu'il leur ſamble; & puis le rampliſſent d'eau eus-meſmes, & raſſéent (*b*) le verre dans le baſſin que leur tient l'échanſon. Il metoit aſſés d'eau; elle quaſi pouint. Le vice des Allemans de ſe ſervir de verres grans outre meſure, eſt icy au rebours de les avoir extraordinairemant petits. Je ne ſcay pourquoy cete ville ſoit (*c*) ſurnommée belle par priviliege; elle l'eſt, mais ſans aucune excellence ſur Boulogne, & peu ſur Ferrare, & ſans compareſon au deſſous de Veniſe. Il faiĉt à la vérité beau decouvrir de ce clochier, l'infinie multitude de Maiſons qui rampliſſent les collines tout au tour à bien

----

(*a*) Ou caraffe.
(*b*) Remettent; ou poſent.
(*c*) Eſt.

deus ou trois lieues à la ronde , &
cete pleine (*a*) où elle est assise qui
samble en longur (*b*) , avoir l'é-
tandue de deus lieuës : car il samble
qu'elles se touchent , tant elles sont
dru semées. La ville est pavée de
pieces de pierre plate sans façon &
sans ordre. L'après disnée eus quatre
Jantilshomes (*c*) , & un guide ,
prindrent la poste pour aller voir
un lieu du Duc qu'on nome *Cas-*
tello (*d*). La maison n'a rien qui
vaille ; mais il y a diverses pieces de
jardinage, le tout assis sur la pante
d'une coline , en maniere que les
allées droites sont toutes en pante ,
douce toutefois & aisée ; les trans-
verses (*e*) sont droites & unies. Il

____

(*a*) Plaine.
(*b*) Longueur.
(*c*) Montaigne & sa compagnie.
(*d*) Petite maison de plaisance.
(*e*) Traverses.

s'y voit-là plufieurs breffeaux (*a*)
tiffus & couvers fort efpès : de tous
abres odoriferans , come cedres , ci-
près , orangiers , citronniers , &
d'oliviers , les branches fi jouintes
& entrelaffées , qu'il eft aifé à voir
que le foleil n'y fauroit trouver antrée en fa plus grande force. Les
tailles de cyprès , & de ces autres
abres difpofés en ordre fi voifins
l'un de l'autre , qu'il n'y a place à
y paffer que pour trois ou quatre.
Il y a un grand gardoir (*b*) , entre
les autres , au milieu duquel on voit
un rochier contrefaict au naturel ,
& famble qu'il foit tout glacé audeffus , par le moïen de cete matiere de quoi le Duc a couvert fes
grottes à Pratellino (*c*) , & audef-

(*a*) Berceaux.

(*b*) Réfervoir ou baffin , piece-d'eau.

(*c*) Pratolino.

sus du roc une grande medalle (*a*) de cuivre, représentant un home fort vieil, chenu (*b*), assis sur son cul, ses bras croisés, de la barbe, du front, & poil duquel coule sans cesse de l'eau goutte à goutte de toutes parts, représentant la sueur & les larmes, & n'a la fontene autre conduit que celui là. Ailleurs ils virent, par très-plesante expérience, ce que j'ai remerqué cy dessus : car se promenant par le jardin, & en regardant les singularités, le jardinier les aïant pour cet effect laissé de compagnie, come ils furent en certin endroit à contempler certenes figures de mabre, il sourdit sous leurs pieds & entre leurs jambes, par infinis petits trous, des trets d'eau si menus qu'ils étoint quasi invisibles, & représentans sou-

---

(*a*) Ou grand médaillon.
(*b*) En cheveux blancs ou gris.

verenemant bien le dégout (*a*) d'une
petite pluïe , de quoy ils furent tout
arrofés , par le moïen de quelque reffort fouterrin que le jardinier re-
muoit à plus de deux çans pas de
là , avec tel art que de là en hors (*b*) ,
il faifoit hauffer & baiffer ces élan-
cemens d'eau , come il lui pleifoit ,
les courbant & mouvant à la mefure
qu'il vouloit : ce mefme jeu eft là
en plufieurs lieux (*c*). Ils virent
auffi la maiftreffe fontene qui fort
par le canal de deus fort grandes ef-
figies (*d*) de bronfe , dont la plus
baffe prant l'autre entre les bras , &
l'étrint de toute fa force ; l'autre
demy pafmée , la tefte ranverfée ,

(*a*) Le diftillement , *ftillicidium*.

(*b*) En dehors.

(*c*) *Voyez* encore la Defcription de
l'ancien labyrinthe.

(*d*) Statues , figures. C'eft Hercule &
Antée.

famble randre par force par la
bouche cet' eau, & l'élance de tele
roideur, que outre la hauteur de
cès figures, qui est pour le moins
de vint pieds, le tret de l'eau monte à trante-fept braffes au-delà (*a*).
Il y a auffi un cabinet entre les
branches d'un abre tous-iours vert,
mais bien plus riche que nul autre
qu'ils euffent veu : car il eft tout
etoffé des branches vifves & vertes
de l'abre (*b*), & tout-partout ce
cabinet eft fi fermé de cete verdure
qu'il n'y a nulle veuë qu'au travers
de quelques ouvertures qu'il faut
praticquer, faifant efcarter les branches çà & là; & au milieu, par un

---

(*a*) Ce qui feroit une élévation de deux
cent vingt-deux pieds, à raifon de fix
pieds la braffe.

(*b*) Si ce n'étoit pas un arbre étranger
c'étoit peu t-être un *Chêne-verd*.

cours (*a*) qu'on ne peut deviner,
monte un furjon d'eau jufques dans
ce cabinet au travers & milieu d'une
petite table de mabre. Là fe faict
auffi la muficque d'eau, mais ils ne
la peurent ouïr ; car il étoit tard à
jans qui avoint à revenir en la ville.
Ils y virent auffi le timbre (*b*) des
armes du Duc tout au haut d'un
portal, très-bien formées de quelques branches d'abres nourris & en-
tretenus en leur force naturelle par
des fibres qu'on ne peut guiere bien
choifir. Ils y furent en la feifon la
plus ennemie des jardins (*c*), qui
les randit encore plus emerveillés.
Il y a auffi là une belle grotte, où
il fe voit toute forte d'animaus re-
prefantés au naturel, randant qui (*d*)

____

(*a*) Par des tuyaux cachés, ou mafqués.
(*b*) L'écuffon de Médicis.
(*c*) Vers la fin de Novembre.
(*d*) Les uns par le bec, les autres par,
&c.

par bec , qui par l'aiſle , qui par
l'ongle ou l'oreille ou le naſeau ,
l'eau de ces fontenes. J'obliois qu'au
palais de ce prince en l'une des
ſales il ſe voit la figure d'un animal à quatre pieds , relevé en bronſe ſur un pilier repréſanté au naturel , d'une forme étrange , le devant
tout écaillé , & ſur l'eſchine je ne
ſçay quelle forme de mambre , come des cornes. Ils diſent qu'il fut
trouvé dans une cavetne de montaigne de ce païs , & mené (*a*) vif il
y a quelques années. Nous vimes
auſſi le palais où eſt née la Reine
mere (*b*). Il (*Montaigne*) vouſit (*c*),
pour eſſayer toutes les commodités
de cete ville , come il faiſoit des

(*a*) Amené.

(*b*) Catherine de Médicis. C'eſt le palais *Pitti.*

(*c*) Voulut. On dit encore parmi le
peuple de quelques provinces, *voulſit.*

autres, voir des chambres à louër, & *la* condition des panſions ; il n'y trouva rien qui vaille. On n'y trouve à louer des chambres qu'aus hoſteleries à ce qu'on lui dît, & celes qu'il vit *étoient* mal-propres & plus cheres qu'à Paris beaucoup, & qu'à Veniſe meſme ; & la panſion chetifve, à plus de douze eſcus par mois pour maiſtre. Il n'y a auſſi nul exercice qui vaille ny d'armes ny de chevaux ou de lettres (*a*). L'eſtein eſt rare en toute cete contrée, & n'y ſert-on qu'en veſſelle de cete terre-peinte, aſſés mal propre. Judy au matin, 24ᵉ de Novembre, nous en partiſmes, & trouvames un païs médiocremant fertile, fort peuplé d'habitations, & cultivé partout, le chemin boſſu & pierreus, & nous

---

(*a*) Il ne faut pas perdre de vue l'époque du voyage, 1580 : les choſes ont bien changé.

randimes fort tard , d'une trete qui
est fort longue , à

SIENE , trante deus milles , qua-
tres postes ; ils les font de huict
milles plus longues qu'ordinaire-
mant les nostres. Le Vandredy il
(*Montaigne*) la reconnut curieusemant , notamant pour le respect de
nos guerres (*a*). C'est une ville iné-
gale , plantée sur un dos de colline
où est assise la meilleure part des
rues ; ses deus pantes sont par de-
grès ramplies de diverses rues , &
aucunes vont encore se relevant
contre-mont , en autres haussures (*b*).
Elle est du nombre des belles d'Italie , mais non du premier ordre ,
de la grandur de Florance : son
visage (*c*) la tesmoigne fort antienne. Elle a grand foison de fontenes,

______

(*a*) Sous Henri II.
(*b*) En différentes gradations.
(*c*) Son aspect.

defqueles la plufpart des privés (*a*) defrobent des veines, pour leur fer- vice particulier. Ils y ont des bones caves & frefches. Le Dôme, qui ne cede guiere à celui de Florance, eft revetu dedans & dehors quafi partout, de ce mabre ci : ce font des pieces carrées de mabre, les unes efpeffes d'un pied, autres moins, de quoi ils encroutent (*b*), come d'un lam- bris, ces batimans faiûts de bricques, qui eft l'ordinere matiere de cette na- tion. La plus bele piece de la ville, c'eft la place-ronde, d'une très-bele grandur, & alant de toutes parts fe courbant vers le palais qui faiût l'un des vifages (*c*) de cete rondur, & moins courbe que le demurant. Vis-à-vis du palais, au plus haut de la place, il y a une très-belle fon-

---

(*a*) Des particulieres.

(*b*) On dit *incrufter*, revêtir.

(*c*) Des afpects.

tene, qui par plusieurs canals, ramplit un grand vesseau où chacun puise d'une très-belle eau. Plusieurs rues viennent fondre (*a*) en cete place par des pavés tissus en degrés. Il y a tout plein de rues & nombres très antiennes : la principale est cele de *Piccolomini*, de celle-là (*b*), de *Tolomei*, *Colombini*, & encore de *Cerretani* (*c*). Nous vismes des tesmoignages de trois ou quatre çans ans. Les armes de la ville qui se voient sur plusieurs piliers, c'est la Louve (*d*) qui a pandus à ses tetins Romulus & Remus. Le Duc de Florance trete courtoisement les Grans qui nous favorisarent, & *il* a près de sa personne, *Silvio Piccolo-*

(*a*) Aboutir ou tomber.

(*b*) Et après celle-là.

(*c*) Familles nobles & anciennes de Sienne.

(*d*) Romaine.

mini , le plus fuffifant jantilhome
de notre tamps à toute forte de
fcience , & d'exercice d'armes , come
celui qui a principalement à fe gar-
der de fes propres fujects. Il aban-
donne à fes villes le fouin de les fortifier , & s'atache à des citadelles qui
font munitionnées & guardées avec
toute defpance & diligeance , &
avec tel fupçon qu'on ne permet qu'à
fort peu de jans d'en aprocher. Les
fames portent des chapeaus en leurs
teftes , la plufpart. Nous en vifmes
qui les oftoint par honeur , come
les homes , à l'endret de l'élevation
de la Meffe. Nous etions logés à la
Couronne , affés bien , mais toufiours fans vitres & fans chaffis. M.
de Montaigne étant enquis du concierge de Pratellino , come il étoit
étonné de la beauté de ce lieu ,
après les louanges , (*il*) accufa fort
la ledur des portes & feneftres
de grandes tables de fapin , fans

forme & ouvrage , & des ſerrures
groſſieres & nieptes (*a*) come celes
de nos villages , & puis la couver-
ture des tuiles creus (*b*) ; & diſoit ,
s'il n'y avoit moyen ny d'ardoiſe ,
ni de plomb ou airin , qu'on devoit
au moins avoir caché ces tuiles par
la forme du batimant : ce que le
concierge dit qu'il le rediroit à ſon
maiſtre. Le Duc laiſſe encore en
eſtre (*c*) les antiennes marques &
diviſes de cete ville , qui ſonent partout Liberté ; ſi eſt-ce que les tum-
bes & épitaphes des Francès qui ſont
morts , ils les ont emportées de lurs
places & cachées en certein lieu de
la ville , ſous coleur de quelque réformation du batimant & forme de
leur égliſe. Le Samedy 26 après diſ-

(*a*) Ineptes , peu ſûres.

(*b*) Creuſes.

(*c*) Laiſſe ſubſiſter.

ner

mer nous suivismes un pareil visage
de païs, & vinmes souper à

BUONCOUVENT (*a*) , douze
milles, *Castello* de la Toscane : ils
appellent einsin (*b*) des villages fermés qui pour leur petitesse ne mé-
ritent pouint le nom de ville. Dimenche bien matin nous en partismes, & parce que M. de Montaigne
desira de voir Montalcin (*c*) pour
l'accouintance que les François y ont
eu, il se destourna de son chemin
à mein droite, & avec MM. d'Estissac, de Mattecoulon, & du Hautoi,
ala audict Montalcin , qu'ils disent
estre une ville mal-bastie de la grandur de Saint-Emilion (*d*) , assise
sur une montaigne des plus hautes
de toute la contrée , toutefois ac-

(*a*) Buonconvento.
(*b*) Ainsi.
(*c*) Mont-Alcino.
(*d*) Bourg de l'élection de Bordeaux.

ceſſible. Ils rancontrarent que la grand'meſſe ſe diſoit, qu'ils ouïrent. Il y a, à un bout, un chateau où le Duc tient ſes garniſons; mais à ſon avis (*de Montaigne*) tout cela n'eſt guiere fort, etant ledict lieu commandé d'une part par une autre montaigne voiſine de çant pas. Aus terres de ce Duc, on meintient la mémoire des François en ſi grande affection, qu'on ne leur en faict guiere ſouvenir que les larmes ne leur en viennent aus yeux. La guerre meſmes leur ſamblant plus douce, avec quelque forme de liberté, que la paix qu'ils jouiſſent ſous la tyrannie. Là, M. de Montaigne s'informant s'il n'y avoit point quelques ſepulchres des François, on lui reſpondit qu'il y en avoit pluſieurs en l'Egliſe S. Auguſtin, mais que par le commandemant du Duc on les avoit enſevelis (*a*). Le chemin de cete

---

(*a*) Cachés, enfouis.

journée fut montueus & pierreus,
& nous randit au soir à

LA PAILLE (*a*), vint trois milles. Petit village de cinq ou six maisons au pied de plusieurs montaignes
steriles, & mal plaisantes. Nous reprimes notre chemin lendemein bon
matin le long d'une fondriere fort
pierreuse, où nous passames & repassames çant fois un torrant qui
coule tout le long. Nous rancontrames un grand pont (*b*) basti par ce
Pape Gregoire (*c*), où finissent les
terres du Duc de Florance, & en-
trames en celes de l'Eglise. Nous rancontrames *Acquapendente*, qui est
une petite ville (*d*), & se nome je

(*a*) La Paglia.

(*b*) Maintenant en ruine, selon M.
l'Abbé *Richard*, tom. 3, pag. 337, de la
description de l'Italie.

(*c*) Grégoire XIII regnant alors.

(*d*) Devenue plus considérable depuis

crois einfin (*a*) à caufe d'un torrant,
qui tout jouignant de-là, fe précipite
par des rochiers en la pleine. Delà
nous paffames S. *Laurenzo* (*b*) qui
eft un Caftello (*c*), & par Bolfeno (*d*) qui l'eft auffi (*e*), tournoïant autour du lac qui fe nome
Bolfeno, long de trante milles &
large de dix milles, au milieu duquel fe voit deus rochiers come des
ifles, dans lefquels on dict eftre des
monafteres (*f*). Nous nous randif-

---

que le Pape Innocent X y a transféré
le fiége épifcopal de Caftro, en 1647.

(*a*) Ainfi.

(*b*) Saint Laurent des Grottes.

(*c*) Un village.

(*d*) Bolfene.

(*e*) C'eft une ville, mais prefqu'en-
tierement ruinée, felon M. l'Abbé *Richard*,
tom. 3, *pag.* 341.

(*f*) Dans l'ifle qui eft au levant,
nommée *Mariana*.

mes d'une trete par ce chemin montueus & sterile à

MONTEFIASCON (*a*), vint-six
milles. Villette assise à la teste de
l'une des plus hautes montaignes de
toute la contrée. Elle est petite, &
monstre ,avoir beaucoup d'antienne-
té. Nous en partimes matin, & vinmes à traverser une bele pleine &
fertile, où nous trouvames Viterbo
(*b*), qui avoit une partie de son assiette couchée sur une croupe de
montaigne. C'est une belle ville, de
la grandur de Sanlis (*c*). Nous y
remercames beaucoup de belles maisons, grande foison d'ouvriers, belles rues & plesantes; en trois endroits d'icelle, trois très-beles fontenes. Il (*Montaigne*) s'y fût arresté
pour la beauté du lieu, mais son

(*a*) Montefiascone.
(*b*) Viterbe.
(*c*) Senlis.

mulet qui aloit devant, etoit desja paſſé outre. Nous commenceames là à monter une haute côte de montaigne, au pied de laquelle au deça, eſt un petit lac qu'ils noment de Vico. Là, par un bien pleſant vallon, entourné de petites collines, où il y a force bois (commodité un peu rare en ces contrées-là), & de ce lac, nous nous vinmes rendre de bonne heure à

ROSSIGLIONE, dix-neuf milles. Petite ville & chateau au Duc de Parme, comme auſſi il ſe treuve ſur ces routes pluſieurs maiſons & terres appartenans à la caſe (*a*) Farnèſe. Les logis de ce chemin ſont des meilleurs, d'autant que c'eſt le grand chemin ordinere de la Poſte. Ils prennent cinq juilles (*b*) pour cheval à courre, &

(*a*) A la maiſon.

(*b*) Jules, petite monnoie d'argent.

à louer deux juilles pour poſte ; &
à cete meſme reiſon, ſi vous les
voulés pour deus ou trois poſtes ou
pluſieurs journées, ſans que vous
vous mettés en nul ſouin du cheval :
car de lieu en lieu les hoſtes prenent
charge des chevaus de leurs compai-
gnons ; voire, ſi le voſtre vous faut,
ils font marché que vous en puiſ-
ſiés reprandre un autre ailleurs ſur
voſtre chemin. Nous viſmes par experience qu'à Siène, à un Flamant
qui eſtoit en noſtre compaignie, in-
connu, eſtrangier, tout ſul ; on ſia
un cheval de louage pour le mener
à Rome, ſauf qu'avant partir, on
païe le louage ; mais au demeurant le
cheval eſt à voſtre mercy, & ſous
voſtre foy que vous le metrés où vous
prometés. M. de Montaigne ſe louoit
de leur couſtume de diſner & de
ſouper tard, ſelon ſon humeur : car
on n'y diſne, aus bonnes maiſons,
qu'à deus heures après midy, &

D iv

soupe à neuf heures ; de façon que, où nous trouvames des comédians, ils ne comançent à jouer qu'à six heures aus torches (*a*), & y font deus ou trois heures, & après on va souper. Il (*Montaigne*) difoit que c'eftoit un bon païs pour les pareffeux, car on s'y leve fort tard. Nous en partîmes lendemein trois heures avant le jour, tant il avoit envie de voir le pan de Rome. Il trouva que le ferein donnoit autant de peine à fon eftomac le matin que le foir, ou bien peu moins, & s'en trouva mal jufqu'au jour, quoyque la nuit fût fereine. A quinfe milles nous découvrîmes la ville de Rome, & puis la reperdifmes pour longtems. Il y a quelques villages en chemin & hoftelleries. Nous rancontrames aucunes contrées de chemins relevés & pavés d'un fort grand pavé, qui

---

(*a*) Aux lumieres.

fambloit à voir , quelque chofe d'antien , & plus près de la Ville , quelques mafures évidemmant très antiques , & quelques pierres que les Papes y ont faict relever pour l'honneur de l'antiquité. La plus part des
ruines font de briques, tefmoings les
Termes de Diocletian , & d'une brique petite & fimple, come la noftre , non de cete grandur & efpeffur
qui fe voit aus antiquités & ruines
antienes en France & ailleurs. Rome
ne nous faifoit pas grand'monftre à
la reconnoiftre de ce chemin. Nous
avions louing fur noftre main gauche, l'Apennin, le profpect du païs
mal plaifant, boffé (a) , plein de
profondes fandaffes , incapable d'y
recevoir nulle conduite de gens de
guerre en ordonnance : le terroir nud
fans abres , une bonne partie ftérile,
le païs fort ouvert tout autour , &

(a) Montueux.

plus de dix milles à la ronde, &
quaſi tout de cete ſorte, fort peu
peuplé de maiſons. Par là nous ar-
rivames ſur les vint heures (*a*), le
dernier jour de Novembre, feſte de
Saint André, à la porte del Popolo,
à

ROME, trante milles. On nous y
fit dés difficultés, come ailleurs,
pour la peſte de Gennes. Nous vinmes loger à l'Ours, où nous arreſ-
tames encore lendemein, & le deuxieme jour de décembre primes des
chambres de louage chés un Eſpai-
gnol, vis-à-vis de Santa Lucia della
Tinta (*b*). Nous y eſtions bien ac-

(*a*) C'eſt-à-dire, dans l'après-dînée.

(*b*) Ancienne Egliſe ainſi nommée,
parce que c'étoit anciennement le quartier des Teinturiers, ſelon *Vincent Roſſi*.
Elle avoit été réparée dans cette année
même 1580.

commodés de trois belles chambres, salle, garde manger, escuirie, cuisine, à vint escus par mois, sur quoi l'hoste fournit de cuisinier & de feu à la cuisine. Les logis y sont communéemant meublés un peu mieus qu'à Paris, d'autant qu'ils ont grand foison de cuir doré, de quoi les logis qui sont de quelque pris, sont tapissés. Nous en pusmes avoir un à mesme pris que du nostre, au vase d'or, assés près de là, mublé de drap d'or & de soie, come celui des rois ; mais outre ce que les chambres y estoint sujettes (a) M. de Montaigne estima que cete magnificence estoit non - sulemant inutile, mais encore pénible pour la conservation de ces meubles, chaque lict estant du pris de quatre ou

____

(a) A trop de soins, assujétissantes, ou trop dépendantes les unes des autres.

cinq çans efcus. Au noftre , nous
avions faict marché d'eftre fervis de
linge, à peu près come en France;
de quoi, felon la couftume du païs,
ils font un peu plus efpargneus. M.
de Montaigne fe fafchoit d'y trouver
fi grand nombre de François , qu'il
ne trouvoit en la rue quafi perfonne
qui ne le faluoit en fa langue. Il
trouva nouveau le vifage (*a*) d'une
fi grande court & fi preffée de prélats & gens d'églife , & lui fambla
plus puplée d'homes riches , & coches, & chevaus de beaucoup, que
nulle autre qu'il eût jamais veue. Il
difoit que la forme des rues en plufieurs chofes , & notammant pour
la multitude des homes, lui repre-
fantoit plus Paris que nulle autre
où il eût jamais efté. La Ville eft ,
d'à-cette-heure , toute plantée le
long de la riviere du Tibre deça &

(*a*) L'afpect.

dela. Le quartier montueus, qui estoit le siege de la vieille ville, & où il faisoit tous les jours mille proumenades & visites, est scisi (*a*), de quelques églises & aucunes maisons rares & jardins des Cardinaus. Il jugeoit par bien claires apparences, que la forme de ces montaignes & des pantes, estoit du tout changé de l'antienne, par la hauteur des ruines, & tenoit pour certin qu'en plusieurs endroits nous marchions sur le feste des maisons toutes antieres. Il est aisé à juger, par l'arc de Severe (*b*), que nous somes à plus de deus picques au dessus de l'antien planchier, & de vrai, quasi partout, on marche sur la teste des vieus murs que la pluye

(*a*) Coupé, de *scissus*.

(*b*) De Septime Severe, au pied du Capitole.

& les coches (*a*) decouvrent. Il combattoit ceus qui lui comparoint la liberté de Rome à celle de Veni- se , principalement par ces argu- mens : que les maiſons meſmes y eſtoint ſi peu ſûres , que ceus qui y apportoint des moïens un peu large- mant , eſtoint ordineremant conſeil- lés de donner leur bourſe en garde aus Banquiers de la Ville , pour ne trouver leur coffre crocheté , ce qui eſtoit avenu à pluſieurs : *Item* , que l'aller de nuit n'eſtoit guiere bien aſſuré : *Item* , que ce premier mois , de decembre , le general des Cor- deliers fut demis ſoudenemant de ſa charge & enfermé , pour en ſon ſermon , où eſtoit le Pape & les Cardinaus , avoir accuſé l'oiſive- té & pompes des Prelats de l'E- gliſe , ſans en particulariſer autre choſe , & ſe ſervir ſulemant , avec

---

(*a*) Les carroſſes & voitures.

quelque afpreté de voix , de lieus communs & vulgaires fur ce propos : *Item* , que fes coffres (*a*) avoint efté vifités à l'entrée de la ville pour la doane , & fouillés jufques aus plus petites pieces de fes hardes ; là où en la plufpart des autres villes d'Italie , ces officiers fe contentoint qu'on les leur eût fimplement prefanté : Qu'outre cela , on lui avoit pris tous les livres qu'on y avoit trouvé pour les vifiter (*b*) , à quoy il y avoit tant de longur (*c*) , qu'un home qui auroit autre chofe à faire les pouvoit bien tenir pour perdus ; joing que les regies y eftoint fi extraordinaires que les heures de Noftre-Dame , parce qu'elles eftoint de

---

(*a*) Ceux de Montaigne.

(*b*) Entre autres fes *Effais* , dont les deux premiers Livres venoient d'être imprimés à Bordeaux.

(*c*) Longueurs.

Paris, non de Rome, leurs eſtoint
ſuſpectes, & les livres d'aucuns doc-
têurs d'Allemaigne contre les Héré-
tiques, parce qu'en les combatans
ils faiſoint mantion de leurs erreurs.
A ce propos il louoit fort ſa fortune,
de quoy n'eſtant aucunemant adverty
que cela luy deut arriver, & eſtant
paſſé au travers de l'Allemaigne, veu
ſa curioſité, il ne s'y trouva nul
livre défandu. Toutefois aucuns Seigneurs de là luy diſoint, quand il
s'en fût trouvé, qu'il en fût eſté quitte
pour la perte des livres. Douze ou
quinze jours après noſtre arrivée, il
ſe trouva mal; & pour une inuſitée
défluxion de ſes reins qui le me-
naſſoit de quelque ulcere, il ſe de-
pucela (a), par l'ordonnance d'un
medecin françois du Cardinal (de)
Rambouillet, aydé de la dextérité de

(a) C'eſt-à-dire, ſe détermina pour la
premiere fois.

son Appoticaire, à prendre un jour
de la casse à gros morceaus, au bout
d'un cousteau trampé premieremant
un peu dans l'eau, qu'il avala fort
ayséemant, & en fit deus ou trois
selles. Landemein il print de la té-
rebentine de Venise, qui vient, disent-ils, des montaignes de Tirol,
deus gros morceaus enveloppés dans
un oblie (*a*), sur un culier d'argent, arrosé d'une ou deus goutes
de certin sirop de bon goust ; il n'en
sentit autre effaict que l'odur de
l'urine à la violette de mars. Après
cela, il print à trois fois, mais non
tout de suite, certene sorte de breu-
vage qui avoit justemant le goust &
couleur de l'amandé (*b*) : aussi lui
disoit son medecin, que ce n'estoit
autre chose ; toutefois il panse qu'il

(*a*) Une oublie, ou ce qu'on nomme
pain à chanter.

(*b*) D'un Amandé.

y avoit des quatre femances froides.
Il n'y avoit rien en cete derniere prife de malaysé & extraordinaire ,
que l'heure du matin : tout cela ,
trois heures avant le repas. Il ne
fantit non plus à quoi lui fervit cet
almandé ; car la mefme difpofition
lui dura encore après , & eut depuis
une forte colicque , le vint & troifieme
(decembre) ; de quoi il fe mit au
lict environ midy , & y fut jufques
au foir qu'il randit force fable , &
après une groffe pierre , dure , longue
& unie , qui arrefta cinq ou fix heures au paffage de la verge. Tout ce
temps , depuis fes beings , il avoit un
benefice de ventre , par le moyen
duquel il panfoit eftre défandu de plufieurs pires accidans. Il déroboit (*a*)
lors plufieurs repas , tantoft à difner ,
tantoft à fouper. Le jour du Noel ,
nous fumes ouir la meffe du Pape à

(*a*) Efquivoit.

S. Pierre, où il eut place commode
pour voir toutes les cerimonies à
son ayse. Il y a plusieurs formes (*a*)
particulieres : l'évangile & l'espitre
s'y disent premieremant en latin &
secondemant en grec, comme il se
faict encore le jour de Pasques & le
jour de S. Pierre. Le pape donna à
communier à plusieurs autres ; &
officioint avec lui à ce service les
cardinaus Farnese, Medicis, Caraffa
& Gonzaga. Il y a un certin instrumant à boire le calisse (*b*) , pour
prouvoir (*c*) la sureté du poison.
Il lui sambla nouveau , & en
cete messe & autres, que le pape &
cardinaus & autres prelats y sont
assis, & , quasi tout le long de la

(*a*) Façons, manieres.

(*b*) C'est un chalumeau d'or.

(*c*) Pourvoir , *providere* , se précaution-
ner contre le poison. L'essai avoit déja été
fait par le *Préguste*.

meſſe, couverts, deviſans, & par-
lans enſamble. Ces ceremonies ſam-
blent eſtre plus magnifiques que de-
votieuſes. Au demourant il lui ſam-
bloit qu'il n'y avoit nulle particula-
rité en la beauté des fames, digne de
cete préexcellance que la réputation
donne à cete ville ſur toutes les autres du monde; & au demurant que,
come à Paris, la beauté plus ſinguliere
ſe trouvoit entre les meins de celles
qui la mettent en vante (*a*). Le 29
de decembre M. d'Abein (*b*), qui
eſtoit lors ambaſſadur, jantil home
ſtudieus & fort amy de longue mein
de M de Montaigne, fut d'advis qu'il
baisât les pieds au pape. M. d'Eſtiſſac
& lui ſe mirent dans le coche (*c*)

(*a*) C'eſt par-tout de même.

(*b*) D'Elbéne.

(*c*) C'étoit la voiture de ce tems-là.
Henri IV diſoit *ſa coche*, & non ſon car-
roſſe.

dudict ambaſſadur. Quand il (*a*)
fut en ſon audienſe, il les fit appeller par le camerier du pape. Ils
trouvarent le pape, & avecque lui
l'ambaſſadur tout ſul, qui eſt la façon ; il a près de lui une clochette
qu'il ſonne, quand il veut que quelcun veingnes à lui. L'ambaſſadur aſſis
à ſa mein gauche deſcouvert ; car le
pape ne tire jamais le bonnet à qui
que ce ſoit, ny nul ambaſſadur n'eſt
près de lui la teſte couverte. M.
d'Eſtiſſac entra le premier, & après
lui M. de Montaigne, & puis M.
de Mattecoulon, & M. du-Hautoi.
Après un pas ou deus dans la chambre, au couin de laquelle ledict pape
eſt aſſis, ceus qui antrent, qui qu'ils
ſoyent, mettent un genouil à terre,
& atendent que le pape leur donne
la benediction, ce qu'il faict ; après
cela ils ſe relevent & s'acheminent

____

(*a*) L'Ambaſſadeur.

Jufques environ la mi-chambre *(a)*.
Il eft vray que la plufpart ne vont
pas à luy de droit fil , tranchant le
travers de la chambre , eins *(b)*
gauchiffant un peu le long du mur,
pour donner, après le tour, tout
droit à lui. Etant à ce mi chemin ,
ils fe remettent encor un coup fur
un genouil, & reçoivent la feconde
benediction. Cela faict , ils vont
vers luy jufques à un tapis velu , ef-
tandu à fes pieds; fept ou huict pieds
plus avant. Au bord de ce tapis ils
fe mettent à deus genous. Là l'ambaffadur qui les prefantoit fe mit fur
un genouil à terre, & retrouffa la
robe du Pape fur fon pied droit, où
il y a une pantouffle rouge, à tout
(c) une croix blanche audeffus. Ceus
qui font à genous fe tienent en cete

(a) A la moitié de la chambre.
(b) Mais.
(c) Avec.

affiete jufques à fon pied , & fe
panchent à terre , pour le baifer.
M. de Montaigne difoit , qu'il avoit
hauffé un peu le bout de fon pied.
Ils fe firent place l'un à l'autre , pour
baifer , fe tirant à quartier , tous-
iours en ce pouint. L'ambaffadur ,
cela fait , recouvrit le pied du Pape ,
& fe relevant fur fon fiege , luy dict
ce qu'il luy fambla pour la recommandation de M. d'Eftiffac & de M.
de Montaigne. Le Pape , d'un vifage
courtois , admonefta M. d'Eftiffac à
l'eftude & à la vertu , & M. de
Montaigne de continuer à la devotion qu'il avoit toufiours porté à
l'eglife & fervice du Roi très-chref-
tien , & qu'il les ferviroit volantiers
où il pourroit : ce font fervices de
frafes Italiennes (*a*). Eus , ne luì

(*a*) On peut ajouter *& Françoifes :*
bonnes per la prédica.

dirent mot; eins (*a*) aiant là reçeu une autre benediction, avant se relever, qui est signe du congé, reprindrent le mesme chemin. Cela se faict selon l'opinion d'un chacun : toutefois le plus commun est de se sier (*b*) en arriere à reculons, ou au moins de se retirer de costé, de maniere qu'on reguarde tous iours le Pape au visage. Au michemin, come en allant, ils se remirent sur un genou, & eurent un autre benediction, & à la porte encore sur un genou, la derniere benediction. Le langage du Pape est Italien, santant son ramage Boulognois (*c*),

---

(*a*) Mais.

(*b*) De se tenir.

(*c*) Le Pape, qui étoit Grégoire XIII, (*Hugues Buoncompagno*) étoit en effet de Bologne : c'est à lui qu'on doit la réformation du Calendrier Romain.

qui

qui eſt le pire idiome d'Italie , &
puis de ſa nature il a la parole mal
ayſée. Au demourant, c'eſt un très-
beau vieillard, d'une moyenne taille
& droite, le viſage plein de majeſté, une longue barbe blanche, eagé
lors de plus de quatre-vins ans, le
plus ſein (*a*) pour cet eage , & vi-
goureus qu'il eſt poſſible de deſirer ,
ſans goute, ſans colicque, ſans mal
d'eſtomach , & ſans aucune ſubjection : d'une nature douce , peu ſe
paſſionant des affaires du monde ,
grand bâtiſſur, & en cela il lairra
à Rome & ailleurs un ſingulier
honneur à ſa mémoire ; grand au-
moſnier, je dis hors de toute meſure (*b*). Entre autres teſmoingnages de
cela, [il n'eſt nulle fille à marier à
laquelle il n'eide pour la loger , ſi

(*a*) Sain.

(*b*) On faiſoit monter ſes aumônes à
deux millons d'écus d'or.

Tome II.   E

elle eſt de bas-lieu, & contel'on (*a*)
en cela ſa libéralité pour arjant con-
tant (*b*)]. Outre cela, il a baſti des
collieges pour les Grecs, pour les
Anglois, Eſcoſſois, François, pour
les Allemands, & pour les Po-
lacs (*c*), qu'il a dotés de plus de
dix mille eſcus chacun de rante à
perpétuité; outre la deſpanſe infinie
des baſtimans. Il l'a faict pour appeller à l'égliſe les enfans de ces na-
tions-là corrompues de mauvaiſes
opinions contre l'égliſe; & là les
enfans ſont logés, nourris, habillés,
inſtruicts, & accommodés de toutes
choſes, ſans qu'il y aille un qua-

(*a*) Compte-t-on.

(*b*) Ce qui eſt enfermé entre deux cro-
chets, eſt ajouté en marge de la main de
Montaigne.

(*c*) Les Polonois. On écrit *Polaques*,
& ce nom vient de la Polaquie, qui eſt le
Palatinat de Bielsko.

trin (*a*) du leur, à quoy que ce
soit. Les charges publiques penibles,
il les rejette volantiers sur les espau-
les d'autrui, fuïant à se donner peine. Il prête tant d'audiences qu'on
veut. Ses responses sont courtes &
resolues, & perd on temps de lui
combattre sa response par nouveaus
argumans. En ce qu'il juge juste, il
se croit; & pour son fils mesme (*b*),
qu'il eime furieusemant, il ne s'es-
branle pas contre cete siene justice.
Il avanse ses parens, [mais sans aucun interest des droits de l'église,
qu'il conserve inviolablemant. Il est
très-magnifique en bastimans publicques (*c*) & réformation des rues de

---

(*c*) La plus petite des monnoies, qui
vaut quatre deniers, *Quatrino :* comme on
diroit en France un liard.

(*b*) *Jacques Buoncompagno*, qu'il avoit
eu avant d'entrer dans les Ordres.

(*c*) Publics.

cete ville (*a*) ;] & à la vérité, a une vie & des mœurs ausquels il n'y a rien de fort extraordinere ny en l'une ny en l'autre part, [toutefois inclinant beaucoup plus sur le bon. (*b*)]. Le dernier de Decembre eus deus (*c*) disnarent chez M. le Cardinal de Sans (*d*), qui observe plus des cerimonies Romeines que nul autre François. Les Benedicite & les Grâces fort longues y furent dites par deus Chapelins, s'antrerespondans l'un l'autre à la façon de l'office de l'église. Pandant son disné, on lisoit en Italien une perifrase (*e*) de l'Evangile du jour. Ils lavarent avec lui & avant & après le repas.

(*a*) Ceci est encore ajouté de la main de Montaigne.

(*b*) Ajouté par Montaigne.

(*c*) MM. d'Estissac & Montaigne.

(*d*) De Sens.

(*e*) *Paraphrase*, explication.

On sert à chacun une serviette pour s'essuïer; & devant ceus à qui on veut faire un honneur particulier, qui tient le siege à costé ou vis-à-vis du maistre, on sert des grans quarrés d'argent qui portent leur saliere, de mesme façon que ceus qu'on sert en France aus grans. Audessus de cela, il y a une serviette pliée en quatre; sur cete serviette le pein, le cousteau, la forchette, & le culier. Audessus de tout cela une autre serviette, de laquelle il se faut servir, & laisser le demeurant en l'estat qu'il est : car après que vous estes à table, on vous sert, à costé de ce quarré, une assiette d'arjant ou de terre, de laquelle vous vous servez. De tout ce qui se sert à table, le Tranchant (*a*)

(*a*) L'Ecuyer-tranchant, ou l'Officier qui coupe les viandes. A cette occasion, on observera que l'étiquette de la table des Cardinaux varia beaucoup au seiziéme

en donne fur des affietes à ceus qui
font affis en ce rang-là, qui ne metent point la mein au plat, & ne
met-on guiere la mein au plat du
meftre. On fervit auffi à M. de Montaigne, comme on faifoit ordinere-
mant chés M. l'Ambaffadur, quand
il y mangeoit, à boire en cette façon : c'eft qu'on lui prefantoit un
baffin d'arjant, fur lequel il y avoit
un verre avec du vin & une petite
bouteille de la mefure de celle où on

---

fiécle. A la table du célébre Cardinal du
Bellai, Ambaffadeur de France à Rome,
Rabelais qui y étoit admis, *tranchoit &*
préfentoit (les morceaux.) Etienne Ta-
bourot, fon ami, rapporte à ce fujet un
farcáfme fort piquant lâché par Rabelais,
à la table même du Cardinal, contre un
des convives, Prélat Palatin, qui s'éman-
cipoit indifcrétement fur les François, *ch.*
6, *p.* 128, *de l'édition* dite du *petit Jéfus.*
Cette anecdote eft omife dans la vie de
Rabelais, par l'Abbé *Perau.*

met de l'ancre, pleine d'eau. Il prend le verre de la mein droite, & de la gauche cete bouteille, & verse autant qu'il lui plaît d'eau dans son verre, & puis remet cete bouteille dans le bassin. Quand il boit, celui qui sert, lui presante ledit bassin au-dessous du menton, & lui remet après son verre dans ledict bassin. Cete cerimonie ne se faict qu'à un ou deux pour le plus au dessous du maistre. La table fut levée soudein après les grâces, & les chaises arrangées tout de suite le long d'un costé de la salle, où M. le Cardinal les fit soir après lui. Il y survint deus homes d'Eglise, bien vetus, à tout (a) je ne scay quels instrumans dans la mein, qui se mirent à genouil devant lui, & lui firent entendre je ne scay quel service qui se faisoit en quelque Eglise, il ne leur dît du tout

____

(a) Avec.

rien : mais come ils se relevarent
après avoir parlé & s'en alloint , il
tira un peu le bonnet. Un peu après
il les mena (*a*) dans son coche à la
salle du Consistoire , où les Cardinaus s'assemblarent pour aller à Vespres. Le Pape y survint, & s'y reve-
tit pour aller (aussi) à Vespres. Les
Cardinaus ne se mirent point à
genou à sa benediction , come faict
le peuple , mais la receurent avec
une grand inclination de la teste.

Le troisieme de Janvier 1581 , le
Pape passa devant nostre fenestre :
marchoint devant lui environ deus
çans chevaus de personnes de sa court
de l'une & de l'autre robbe. Auprès
de lui estoit le Cardinal de Medicis
qui l'entretenoit couvert, & le me-
noit disner chez lui. Le Pape avoit
un chapeau rouge , son accoustre-
ment blanc, & capuchon de velours

(*a*) L'Ambassadeur & Montaigne.

rouge, come de coustume, monté
sur une hacquenée blanche, harna-
chée de velours rouge, franges &
passemants d'or. Il monte à cheval
sans secours d'escuyer, & si (*a*) court
son 81e an. De quinse en quinse pas,
il donnoit sa benediction. Après lui
marchoint trois Cardinaus, & puis
environ çant homes d'armes, la lance sur la cuisse, armés de toutes pieces, sauf la teste. Il y avoit aussi une
autre hacquenée de mesme parure,
un mulet, un beau coursier blanc,
& une lettiere (*a*) qui le suivoint,
& deus porte manteaus qui avoint à
l'arson de la selle, des valises. Ce
mesme jour, M. de Montaigne print
de la terebentine, sans autre occasion, sinon qu'il estoit morfondu,
& fit force sable après.

L'onsieme de janvier, au matin,

____

(*a*) Cependant, il.
(*b*) Litiere.

come M. de Montaigne fortoit du
logis à cheval pour aller in Ban-
chi (*a*), il rancontra qu'on fortoit
de prifon Catena , un fameus vo-
leur , & capitaine des banis , qui
avoit tenu en créinte toute l'Italie ,
& duquel il fe contoit des murtres
enormes , & notammant de deus
Capucins aufquels il avoit fait re-
nier Dieu , prometant fur cete condition leur fauver la vie , & les avoit
maffacrés après cela , fans aucune
occafion , ny de commodité (*b*) ,
ny de vanjance. Il s'arrefta pour voir
ce fpectacle. Outre la forme de France , ils font marcher devant le criminel un grand crucifix couvert d'un
rideau noir , & à pied un grand
nombre d'homes vetus & mafqués
de toile qu'on dict eftre des jantils
homes & autres apparans de Rome ,

(*a*) Chez fes Banquiers.
(*b*) D'avantages pour lui,

qui se vouent à ce service de accom-
paigner les criminels qu'on mene au
supplice & les cors (*a*) des trespassés,
& en font une confrerie. Il y en a
deus de ceus là , ou moines , ainsi
vetus & couvers , qui assistent le criminel sur la charette & le preschent,
& l'un d'eus lui presante continuelle-
mant sur le visage & lui faict baiser
sans cesse un tableau où est l'Image
de Nostre Seigneur. Cela faict que
on ne puisse pas voir le visage du
criminel par la rue. A la potence ,
qui est une poutre entre deus appuis,
on lui tenoit tous-iours cete image
contre le visage , jusques à ce qu'il
fut élancé (*b*). Il fit une mort commune , sans mouvemant & sans parole ; estoit home noir, de trante
ans ou environ. Après qu'il fut es-
tranglé , on le detrancha en quattre

(*a*) Corps.
(*b*) Jetté hors de l'échelle & suspendu.

cartiers. Ils ne font guiere mourir les homes que d'une mort fimple , & exercent leur rudeffe après la mort (*a*). M. de Montaigne y remerqua ce qu'il a dict ailleurs (*b*), combien le peuple s'effraïe des rigurs qui s'exercent fur les cors mors ; car le peuple , qui n'avoit pas fanti de le voir eftrangler , à chaque coup qu'on donnoit pour le hâcher , s'écrioit d'une voix piteufe. Soudein qu'ils font morts , un ou plufieurs Jéfuiftes ou autres , fe mettent fur quelque lieu hault (*c*) , & crient au peuple , qui deça , qui delà , & le prefchent pour lui faire goufter

______

(*a*) Ufage d'autant plus honorable à l'humanité , que les peines n'étant inftituées que pour l'exemple , la montre fait prefque autant que l'effet.

(*b*) Dans fes Effais.

(*c*) Sur un tréteau , ou fur un tonneau, couvert d'un tapis Cela fe pratique encore.

cet exemple. Nous remerquions en Italie, & notammant à Rome, qu'il n'y a quaſi pouint de cloches pour le ſervice de l'égliſe, & moins à Rome qu'au moindre village de France ; auſſi qu'il n'y a pouint d'images, ſi elles ne ſont faites de peu de jours (*a*). Pluſieurs antiennes égliſes n'en ont pas une.

Le quartorſieme jour de janvier, il (*Montaigne*) reprint encor de la terebentine, ſans aucun effect apparent. Ce meſme jour je vis (*b*) deffaire (*c*) deus freres, antiens ſerviteurs

---

(*a*) Les Egliſes de Rome n'étoient point encore ornées de cette multitude de tableaux, de ſtatues & de bas-reliefs, dont tous les arts de deſſin, depuis leur renouvellement, ſe ſont empreſſés, comme à l'envi, de les enrichir.

(*b*) Ici parle le Secrétaire de Montaigne

(*c*) Exécuter.

du secrétaire du Castellan (*a*) , qui l'avoint tué (*b*) quelques jours auparavant de nuict en la ville, dedans le palais mesme dudict seigneur Jacomo Buoncompaigno , fils du pape. On les tenailla , puis coupa le pouing devant ledict palais, & l'ayant coupé, on leur fit mettre sur la playe des chappons qu'on tua & entr'ouvrit soudenemant. Ils furent deffaicts sur un échaffaut & assommés à tout (*c*) une grosse massue de bois & puis soudein esgorgés (*d*). C'est un supplice qu'on dict par fois usité à Rome. D'autres tenoint qu'on l'avoit accommodé au meffaict , d'autant qu'ils avoint einsi tué leur maistre.

(*a*) Du gouverneur de Rome.

(*b*) Ledit Secrétaire.

(*c*) Avec.

(*d*) C'est-à-dire , qu'ils furent *Mazzolati*.

Quant à la grandur de Rome, M.
de Montaigne difoit » que l'efpace
qu'environnent les murs , qui eft
plus des deus tiers vuide , compre-
nant la vieille & la neufve Rome,
pourroit égaler la cloture qu'on fai-
roit autour de Paris , y enfermant
tous les faubourgs de bout à bout.
Mais fi on conte (*a*) la grandur par
nombre & preffe de maifons & habitations, il panfe que Rome n'ar-
rive pas à un tiers près de la grandur de Paris. En nombre & grandur
de places publicques , & beauté des
rues, & beauté de maifons, Rome
l'amporte de beaueoup ».

Il trouvoit auffi la froidur de l'hyver fort approchante de celle de
Guafcogne. Il y eut des gelées fortes
autour de Noel , & des vans frois
infupportablemant. Il eft vray que
lors mefme il y tonne, grefle, &

(*a*) Compte.

esclaire fort souvent. Les palais ont force suite de mambres (*a*) les uns après les autres. Vous enfilés trois & quatre salles, avant que vous soyés à la maistresse. En certeins lieus où M. de Montaigne disna en cerimonie, les buffets ne sont pas où on disne, mais en un'autre premiere salle, & va-t-on vous y querir à boire, quand vous en demandés; & là est en parade la vesselle d'arjant.

Judy vint-sixieme de janvier, M. de Montaigne étant allé voir le mont Janiculum (*b*), delà le Tibre, & considerer les singularités de ce lieu là, entre autres, une grande ruine du vieus mur avenue deus jours auparavant, & contempler le sit (*c*)

(*a*) De chambres ou appartemens de plein pied.

(*b*) Janicule.

(*c*) Le Site.

de toutes les parties de Rome, qui
ne se voit de nul autre lieu si cleremant; & delà estant descendu au
Vatican, pour y voir les statues en-
fermées aus niches de Belveder, &
la belle galerie que le pape dresse
des peintures de toutes les parties
de l'Italie, qui est bien près de sa
fin; il perdit sa bourse & ce qui estoit dedans, & estima que ce fût
que, en donnant l'aumone à deus
ou trois fois (*a*), le tems estant fort
pluvieus & mal plesant, au lieu de
remettre sa bourse en sa pochette, il
l'eût fourrée dans les découpures de
sa chausse. Touts ces jours là, il ne
s'amusa qu'à étudier Rome. Au com-
mancemant il avoit pris un guide
françois; mais celui-là, par quelque

(*a*) Montaigne, au sujet de l'aumône,
dit que les quêteurs dont on est assailli à
Rome, ont tous ce plaisant refrein, *fate
ben per voi*. Essais, *l.* 3, *c.* 5,

humeur fantaſtique, s'eſtant rebuté, il ſe pica (*a*), par ſon propre eſtude, de venir à bout de cete ſience, aidé de diverſes cartes & livres qu'il ſe faiſoit lire le ſoir, & le jour alloit ſur les lieus mettre en pratique ſon apprentiſſage : ſi (*b*) que en peu de jours il eût ayſéemant reguidé ſon guide.

» IL DISOIT, qu'on ne voïoit rien de Rome que le Ciel ſous lequel elle avoit eſté aſſiſe, & le plant de ſon gite; que cete ſcience qu'il en avoit eſtoit une ſcience abſtraite & contemplative, de laquelle il n'y avoit rien qui tumbat ſous les ſens; que ceus qui diſoint qu'on y voyoit au moins les ruines de Rome, en diſoint trop; car les ruines d'une ſi eſpouvantable machine rapporteroint plus d'honneur & de reverence à ſa

____

(*a*) Piqua.
(*b*) Tellement.

mémoire ; ce n'eſtoit rien que ſon ſepulcre. Le monde ennemi de ſa longue domination, avoit premiere-mant briſé & fracaſſé toutes les pie-ces de ce corps admirable, & parce qu'encore tout mort, ranverſé, & desfiguré, il lui faiſoit horreur, il en avoit enſeveli la ruine meſme. Que ces petites montres de ſa ruine qui pareſſent encores au deſſus de la biere, c'étoit la fortune qui les avoit conſervées pour le teſmoingna-ge de cete grandur infinie que tant de ſiécles, tant de fus (*a*), la con-juration du monde reiterées à tant de fois à ſa ruine, n'avoint peu uni-verſelemant eſteindre. Mais qu'il eſtoit vraiſamblable que ces mambres deſ-viſagés (*b*) qui en reſtoint, c'eſ-toint les moins dignes, & que la furie des ennemis de cete gloire im-

____

(*a*) De feux.
(*b*) Ces parties déſigurées.

mortelle, les avoit portés, premieremant, à ruiner ce qu'il y avoit de
plus beau & de plus digne; que les
baſtimans de cete Rome baſtarde
qu'on aloit aſteure (*a*) atachant à ces
maſures antiques, quoi qu'ils euſſent
de quoi ravir en admiration nos ſiecles preſans, lui faiſoint reſouvenir
propremant des nids que les moi-
neaus & les corneilles vont ſuſpan-
dant en France aus voutes & parois
des egliſes que les Huguenots viennent d'y démolir (*b*). Encore crei-
gnoit-il, à voir l'eſpace qu'occupe ce
tumbeau, qu'on ne le reconnût pas
tout, & que la ſépulture ne fût elle-
meſme pour la pluſpart enſevelie.
Que cela, de voir une ſi chetifve

(*a*) A cete heure.

(*b*) Les Apôtres de la Tolérance ne s'em-
preſſeront pas de vérifier ce fait, qui doit
un peu les gêner, ſur-tout écrit de la main
de Montaigne.

descharge, come de morceaus de tuiles & pots cassés, estre antienne-mant arrivée à un monceau de gran-dur si excessive, qu'il egale en hau-teur & largeur plusieurs naturelles montaignes (*a*) [car il le comparoit en hauteur à la mote de Gurson, (*b*) & l'estimoit double en largeur], c'étoit une expresse ordonnance des destinées, pour faire santir au mon-de leur conspiration à la gloire & prééminance de cete ville, par un si nouveau & extraordinere tesmoin-gnage de sa grandur. Il disoit ne pouvoir aiséemant faire convenir, veu le peu d'espace & de lieu que tiennent aucuns de ces sept mons, & notammant les plus fameus, comme le Capitolin & le Palatin, qu'il y ranjat un si grand nombre

---

(*a*) Il forme ce qu'on nomme aujour-d'hui le Mont-Testacé, *Monte Testaceo.*
(*b*) En Périgord.

d'édifices. A voir ſulemant ce qui reſte du tample de la paix (*a*), le long du Forum Romanum (*b*), duquel on voit encore, la chute toute vifve, come d'une grande montaigne, diſſipée en pluſieurs horribles rochiers : il ne ſamble que deus tels batimens peuſſent tenir en toute l'eſpace du mont du Capitole, où il y avoit bien 25 ou 30 tamples, outre pluſieurs maiſons privées. Mais, à la vérité, pluſieurs conjectures qu'on prent de la peinture de cete ville antienne, n'ont guiere de veriſimilitude (*c*), ſon plant meſme eſtant infinimant changé de forme ; aucuns de ces vallons eſtans comblés, voire dans les lieus les plus bas qui y fuſ-

---

(*a*) Bâti par l'Empereur Veſpaſien, après avoir terminé la guerre des Juifs, près de l'arc de Titus, ſon fils.

(*b*) De la grande place de Rome.

(*c*) De vraiſemblance.

sent : come, pour exemple, au lieu
du Velabrum (*a*), qui pour sa baf-
sesse recevoit l'esgout de la ville,
& avoit un lac, s'est tant eslevé des
mons de la hauteur des autres mons
naturels qui sont autour delà, ce
qui se faisoit par le tas & mon-
ceaus des ruines de ces grans bastimans ; & le Monte Savello n'est
autre chose que la ruine d'une partie
du teatre de Marcellus (*b*). Il croioit
qu'un antien romain ne sauroit re-
connoistre l'assiette de sa ville, quand
il la verroit. Il est souvent avenu
qu'après avoir fouillé bien avant en

(*a*) Le *Velabrum*, ainsi nommé du ver-
be latin *Vehere*, transport, parce qu'on
passoit de-là, selon Varron, dans de petits
bateaux, un marais pour aller au Mont-
Aventin : il terminoit le Mont-Palatin au
Nord.

(*b*) (Par toutes ces considérations topo-
graphiques.)

terre, on ne venoit qu'à rencontrer la teſte d'une fort haute coulonne qui eſtoit encor en pieds au deſſous. On n'y cherche point d'autres fondemens aus maiſons, que des vieilles maſures ou voutes , come il s'en voit au deſſous de toutes les caves, ny encore l'appuy du fondemant antien ny d'un mur qui ſoit en ſon aſſiete. Mais ſur les briſures meſmes des vieus baſtimans, come la fortune (*a*) les a logés (*b*), en ſe diſſipant (*c*), ils ont planté le pied de leurs palais nouveaus, come ſur des gros loppins de rochiers , fermes & aſſurés. Il eſt ayſé à voir que pluſieurs rues ſont à plus de trante pieds profond au deſſous de celles d'a-cete-heure. »

Le 28ᵉ de Janvier, il (*Montaigne*)

(*a*) Le hazard.
(*b*) Placés.
(*c*) Pendant leur dégradation.

eut

eut la colicque qui ne l'empeſcha de nulle de ſes actions ordineres, & fit une pierre aſſés groſſette & d'autres moindres. Le trantieſme, il fut voir la plus antienne cerimonie de religion qui ſoit parmy les homes, & la conſidera fort attentivemant & avec grande commodité : c'eſt la Circonciſion des Juifs. Il avoit des-ia veu une autrefois leur Synagogue, un jour de ſamedy le matin, (&) leurs prieres, où ils chantent déſordonnéemant (a), comme en l'égliſe Calvinienne, certenes leçons de la bible en hebreu accommodées au tems. Ils ont les cadences du ſon pareilles, mais un déſaccord extreme, pour la confuſion de tant de vois de toute ſorte d'eage : car les enfans, juſques au plus petit eage, ſont de la partie, & tous indifferammant entendent l'hebreu. Ils

─────────────────────

(a) Comme des forcenés, à tue-tête.

n'apportent non plus d'attention en leurs prieres que nous faisons aus noſtres , deviſant parmy cela d'autres affaires , & n'apportant pas beaucoup de reverence à leurs myſteres. Ils lavent les mains à l'entrée , & en ce lieu là ce leur eſt execration de tirer le bonnet; mais baiſſent la teſte & le genous où leur dévotion l'ordonne. Ils portent ſur les eſpaules ou ſur la teſte certains linges , où il y a des franges attachées : le tout ſeroit trop long à déduire. L'après-diſnée tour à tour leurs doƈteurs font leçon ſur le paſſage de la bible de ce jour là , le faiſant en Italien. Après la leçon , quelque autre doƈteur aſſiſtant , choiſit quelcun des auditeurs , & par fois deus ou trois de ſuite , pour argumenter contre celui qui vient de lire , ſur ce qu'il a diƈt. Celui que nous ouïmes , lui ſembla (*a*) avoir beaucoup d'éloquence

____

(*a*) A Montaigne.

& beaucoup d'esprit en son argu-
mentation. Mais, quant à la circon-
cision, elle se faict aus maisons privées, en la chambre du logis de
l'enfant, la plus commode & la plus
clere. Là où il fut, parce que le
logis estoit incommode, la cerimonie se fit à l'entrée de la porte. Ils
donnent aus enfans un parein &
une mareine, comme nous : le pere
nomme l'enfant. Ils les circoncisent
le huitiesme jour de sa naissance. Le
parein s'assit sur une table, & met
un orillier sur son giron : la mareine lui porte là l'enfant, & puis s'en
va. L'enfant est enveloppé à nostre
mode; le parein le développe par le
bas, & lors les assistans, & celui
qui doit faire l'opération, comman-
cent trestous à chanter, & accom-
paignent de chansons toute cete action qui dure un petit quart d'heure. Le ministre peut estre autre que

rabbi (*a*), & quiconque ce foit d'an-
tre eus, chacun defire eftre appellé
à cet office , parce qu'ils tiennent
que c'eft une grande benediction
d'y eftre fouvent employé : voire
ils achettent d'y eftre conviés, of-
frans, qui un veftemant, qui quelque autre commodité à l'enfant, &
tiennent que celui qui en a circon-
cy jufques à certain nombre qu'ils
fçavent, eftant mort, a ce priviliege
que les parties de la bouche ne font
jamais mangées des vers. Sur la table où eft affis ce parein, il y a quant
& quant un grand appret de tous
les utils (*b*) qu'il faut à cet' operation. Outre cela, un home tient en
fes meins une fiolle pleine de vin &
un verre. Il y a auffi un brazier à
terre , auquel brazier ce miniftre
chauffe premieremant fes meins , &

(*a*) Rabbin.
(*b*) Outils.

puis trouvant cet enfant tout def-
trouſſé, comme le parein le tient
ſur ſon giron la teſte devers ſoy, il
lui prant ſon mambre, & retire à
ſoy la peau qui eſt au-deſſus, d'une
mein, pouſſant de l'autre la gland (*a*)
& le mambre audedans. Au bout de
cete peau qu'il tient vers ladite gland,
il met un inſtrumant d'arjant qui ar-
reſte là cete peau, & empeſche que
la tranchant, il ne vienne à offenſer
la gland & la chair. Après cela, d'un
couteau il tranche cete peau, laquelle on enterre ſoudein dans la terre
qui eſt là dans un baſſin parmy les
autres apprèts de ce myſtere. Après
cela le miniſtre vient à belles on-
gles, à froiſſer encor quelque autre
petite pellicule qui eſt ſur cete gland

(*a*) Nous diſons *le*; mais Montaigne
conſerve ordinairement en françois le genre des mots latins, comme celui de *glans*,
qui eſt féminin.

& la deschire à force, & la pousse en arriere au-delà de la gland. Il samble qu'il y ait beaucoup d'effort en cela & de dolur (*a*); toute fois ils n'y trouvent nul dangier, & en est tousiours la plaie guerie en quatre ou cinq jours. Le cry de l'enfant est pareil aus nostres qu'on baptise. Soudein que cete gland est ainsi descouverte, on offre hastivemant du vin au ministre qui en met un peu à la bouche, & s'en va ainsy sucer la gland de cet enfant, toute sanglante, & rand le sang qu'il en a retiré, & incontinant reprent autant de vin jusques à trois fois. Cela faict, on lui offre, dans un petit cornet de papier, d'une poudre rouge qu'ils disent estre du sang de dragon (*b*), de quoy il sale & couvre

---

(*a*) Douleur.

(*b*) Substance résineuse qui découle d'un arbre, & dont il y a quatre espèces.

toute cete playe, & puis enveloppe
bien propremant le mambre de cet'
enfant à tout (*a*) des linges taillés
tout exprès. Cela faict, on lui donne
un verre plein de vin, lequel vin,
par quelques oreisons qu'il faict, ils
disent qu'il benit. Il en prant une
gorgée, & puis y trampant le doigt
en porte par trois fois à tout (*b*) le
doigt quelque goutte à sucer en la
bouche de l'enfant ; & ce verre
après, en ce mesme estat, on l'envoye à la mere & aux fames qui
sont en quelque autre endroit du
logis, pour boire ce qui reste de
vin. Outre cela, un tiers prant un
instrumant d'argent, rond come un
esteuf, qui se tient à une longue
queue, lequel instrumant est percé
de petits trous come nos cassolettes,
& le porte au nés premieremant du

(*a*) Avec.
(*b*) Avec.

miniſtre , & puis de l'enfant, & puis du parein : ils préſupoſent que ce ſont des odeurs pour fortifier & éclaircir les eſprits à la dévotion. Il a toujours cependant (*a*) la bouche toute ſanglante. Le 8 , & depuis encore le 12 , il eut, (Montaigne) , un ombrage de colicque & ſiĉt des pierres ſans grand doleur.

Le quareſme-prenant qui ſe fit à Rome cet'année là , fut plus licentieus (*b*) , par la permiſſion du pape, qu'il n'avoit eſté pluſieurs années auparavant : nous trouvions pourtant que ce n'eſtoit pas grand'choſe. Le long du cours , qui eſt une longue rue de Rome , qui a ſon nom pour cela, on faiĉt courir à l'envi, tantoſt quattre ou cinq enfans, tantoſt des Juifs, tantoſt des vieillards tout

---

(*a*) (Le Circonciſeur.)

(*b*) C'eſt-à-dire, moins gêné ſur les divertiſſemens que l'on y tolere.

nuds, d'un bout de rue à autre.
Vous n'y avés nul plefir que de les
voir paſſer davant l'endret où vous
eftes. Autant en font-ils des chevaus, furquoi il y a des petits enfans qui les chaſſent à coups de fouet,
& des ânes & des buffles pouſſés à
tout (*a*) des éguillons par des jans
de cheval. A toutes les courſes, il
y a un pris propofé, qu'ils appellent, el palo : ce font des pieces
de velours ou de drap. Les jantils
homes, en certein endret de la rue
où les dames ont plus de veue (*b*),
courent fur des beaus chevaus la
quintaine (*c*), & y ont bonne grâce : car il n'eſt rien que cete nobleſſe fiche fi communéemant bien
faire que les exercices de cheval.

____

(*a*) Avec.

(*b*) Où ils peuvent être mieux vus des
Dames.

(*c*) Ancien exercice de manege.

L'eschaffaut que M. de Montaigne fît faire leur cousta trois escus. Il estoit aussi assis en un très-beau endret de la rue. Ces jours là toutes les belles jantifames de Rome s'y virent à loisir : car en Italie elles ne se masquent pas come en France (*a*), & se monstrent tout à descouvert. Quant à la beauté parfaite & rare, il n'en est, disoit il, non plus qu'en France, & sauf en trois ou quattre : il n'y trouvoit nulle excellence : mais communéemant elles sont plus agréables,

---

(*a*) L'usage familier du masque fut introduit d'abord, à ce que nous croyons, à la cour de Catherine de Médicis, & de-là parmi les femmes de la bourgeoisie qui ne sortoient gueres que masquées, soit pour aller à la promenade, soit pour faire leurs visites, &c. Il a duré long-tems en France. Il subsistoit encore, même assez avant sous le regne de Louis XIV. On appelloit ce masque, qui étoit de velours noir, un *loup*, un *cachelaid*.

& ne s'en voit point tant de ledes qu'en France. La teſte, elles l'ont ſans compareſon plus avantageuſement accommodée , & le bas au-deſſous de la ceinture. Le cors eſt mieux en France : car ici elles ont l'endret de la ceinture trop lâche , & le portent comme nos fames enceintes; leur contenance a plus de majeſté, de molleſſe , & de douceur. Il n'y a nulle compareſon de la richeſſe de leurs vêtemans aus noſtres : tout eſt plein de perles & de pierreries. Partout où elles ſe laiſſent voir en public, ſoit en coche, en feſte , ou en théatre, elles ſont à part des homes : toutefois elles ont des danſes entrelaſſées aſſés libremant, où il y a occaſion de deviſer & de toucher à la mein. Les hommes ſont fort ſimplemant vetus, a quelque occaſion que ce ſoit, de noir & de ſarge de Florence ; & parce qu'ils ſont un peu plus bruns

F vj

que nous, je ne say comment ils
n'ont pas la façon (a) de Ducs, de
Contes & de Marquis, comme ils
font, ayant l'apparence un peu vile : courtois au demurant, & gracieus tout ce qu'il eft poffible,
quoique die le vulgaire des François,
qui ne peuvent appeller gracieus ceux
qui fupportent mal-ayféemant leurs
débordemans & infolence ordinere.
Nous faifons, en toutes façons, ce
que nous pouvons pour nous y faire
décrier. Toute fois ils ont une antienne affection ou reverance à la
France, qui y faict eftre fort refpec-
tés & biens venus ceux qui meritent
tant foit peu de l'eftre, & qui fulemant fe contiennent fans les offen-
fer.

Le jour du Jeudy-Gras, il (*Montaigne*) entra au feftin du Caftel-

---

(a) L'apparence.

lan (*a*). Il y avoit un fort grand apprêt, & notammant un amphiteatre très-artificiellemant & richemant difposé pour le combat de la barriere, qui fut faict de nuict avant le foupper, dans une grange quarrée, avec un retranchemant par le milieu, en forme ovale. Entre autres fingularités, le pavé y fut peint en un inftant de divers ouvrages en rouge, aiant premieremant enduit le planchier de quelque plâtre ou chaus, & puis couchant fur ce blanc une piece de parchemin ou de cuir, façonnée à piece levée des ouvrages qu'on y vouloit ; & puis à tout (*b*) une epouffette (*c*) teinte de rouge, on paffoit par deffus cette piece & imprimoit-on au travers des ouver-

---

a) Du Gouverneur de Rome, fils du Pape.

(*b*) Avec.

(*c*) Une broffe ou gros pinceau.

tures ce qu'on vouloit fur le pavé, & fi foudeinemant, qu'en deus heures la Nef d'une églife en feroit peinte. Au fouper, les Dames font fervies de leurs maris qui font autour d'elles & leur donnent à boire & ce qu'elles demandent. On y fervit force volaille rôtie, revêtue de fa plume naturelle comme vifve ; des chappons cuits tout entiers dans des bouteilles de verres ; forces lievres, connils (*a*), & oifeaus vifs (emplumés) en pafte ; des plientes de linge (*b*) admirables. La table des Dames , qui eftoit de quattre plats, fe levoit en pieces, & au deffous de celle-là il s'en trouva un'autre toute fervie & couverte de confitures (*c*).

(*a*) Lapins.

(*b*) Le linge de table admirablement plié.

(*c*) On voyoit une pareille table mou-

Ils ne font nulles mafquarades
pour fe vifiter. Ils en font, à peu
de frais, pour fe promener par la
ville en publicq, ou bien pour dreffer des parties à courre la bague. Il
y en eut deus belles & riches com-
pagnies de cette façon le jour du
Lundy-Gras, à courre la quintaine :
furtout ils nous furpaffent en abondance de très-beaus chevaus (a).

(Ici finit la narration, ou plutôt
l'écriture fous dictée du Secrétaire
de Montaigne. C'eft donc ce dernier,
qui, prenant la plume, continue de

———————————

vante au Château de Lunéville, du tems
du Duc Léopold.

(a) Chevaux Barbes ou Napolitains,
vulgairement dits, autrefois, en Italie &
en France, Chevaux du regne, par excellence, c'eft-à-dire, du royaume de Naples.
Voyez Bayle, Réponfe aux queftions d'un
Provincial, tom. 1, ch. 15, pag. 102,
104, premiere édition 1704.

fa main jufqu'à la fin du Voyage.)

* Aïant doné congé à celui de mes jans qui conduifoit cete bele befouigne, & la voïant fi avancée, quelque incommodité que ce me foit, il faut que je la continue moi-mefmes.

Le 16 Fevrier, revenant de la ftation, je rancontray, en une petite Chapele, un Prêtre revêtu, ambefouigné à guerir un fpiritato (*a*) : c'étoit un home melancholique & come tranfi. On le tenoit à genous davant l'Autel, aïant au col je ne fçai quel drap par où on le tenoit ataché. Le Pretre lifoit en fa préfance force orefons & exorcifmes, comandant au Diable de laiffer ce cors, & les lifoit dans fon breviaire. Après cela il détournoit fon propos au pa-

---

* *C'eft Montaigne ici qui parle.*
(*a*) Un poffédé.

tiant, tantoſt parlant à lui, tantoſt parlant au Diable en ſa perſonne, & lors l'injuriant, le battant à
grans coups de pouin, lui crachaiſt
au viſage. Le patiant repondoit à
ſes demandes quelques reponſes
ineptes : tantoſt pour ſoi, diſant
come où il ſantoit les mouvemans de
ſon mal ; tantoſt pour le Diable,
combien il creignoit Dieu, & combien ces exorciſmes agiſſoint contre
lui. Après cela qui dura longtams,
le Pretre, pour ſon dernier effort,
ſe retira à l'Autel & print la Cuſtode (a) de la mein gauche, où étoit
le *Corpus Domini*; en l'autre mein
tenant une bougie alumée, la teſte
ranverſée contre bas, ſi (b) qu'il
la faiſoit fondre & conſomer (c),

(a) Le Saint-Ciboire.

(b) Si, c'eſt-à-dire, de façon, de maniere.

(c) Conſumer.

prononçant cependant des oreſons,
& au bout des paroles de menaſſe
& de rigur contre le Diable, d'une
vois la plus haute & magiſtrale qu'il
pouvoit. Come la premiere chandele
vint à défaillir près de ſes doits, il
en print un'autre, & puis une ſeconde (*a*), & puis la tierce. Cela
faict, il remit ſa Cuſtode; c'eſt-à-
dire, le vaiſſeau tranſparant où etoit
le *Corpus Domini*, & vint retrouver
le patiant, parlant lors à lui come
à un home, le fit détacher & le
randit aus ſiens pour le ramener au
logis. Il nous dict que ce Diable là
etoit de la pire forme (*b*), opinia-
tre, & qui couteroit bien à chaſſer,
& à dix ou douze Jantil'homes qui
etions là, fit pluſieurs contes de
cete ſciance, & des experiances or-

(*a*) Il y a ici du mécompte. Ce doit être
une troiſieme, puis une quatrieme.
(*b*) Ou eſpece.

dineres qu'il en avoit, & notammant que le jour avant il avoit def-
chargé une fame d'un gros Diable,
qui, en fortant, pouſſa hors cete
fame par la bouche, des clous, des
epingles & une touffe de fon poil.
Et parce qu'on lui refpondit, qu'elle
n'étoit pas encores du tout raſſiſe,
il dit que c'étoit une autre forte
d'efperit plus legier & moins mal-
faifant, qui s'y etoit remis ce ma-
tin-là ; mais que ce janre (car il en
ſcait les noms, les diviſions, & plus
particulieres diſtinctions), etoit aifé
à efconjurer. Je n'en vis que cela.
Mon home ne faifoit autre mine
que de grinſer les dents & tordre
la bouche, quand on lui preſantoit
le Corpus Domini, & remachoit par
fois ce mot, *Si fata volent* (*a*) ; car
il étoit Notere & ſcavoit un peu de
latin.

(*a*) » Si les deſtinées l'ordonnent «.

Le premier jour de Mars, je fus à la station à S. Sixte (*a*). A l'Autel principal, le Prestre qui disoit la Messe, étoit audelà de l'Autel, le visage tourné vers le peuple : derriere lui il n'y avoit personne. Le Pape y vint ce mesme jour : car il avoit quelques jours auparavant faict remuer (*b*) de cete Eglise les Noneins (*c*) qui y etoint, pour être ce lieu là un peu trop escarté, & y avoit faict accommoder tous les povres qui mandioint par la ville, d'un très-bel ordre. Les Cardinaus donarent chacun vint escus pour acheminer ce trein, & fut faict des aufmofnes extremes par autres particuliers. Le Pape dota cet Hospital

---

(*a*) C'est-à dire, à l'Eglise qui est sous l'invocation du saint Pape Sixte II.

(*b*) Déloger.

(*c*) C'étoient des Religieuses Dominicaines, qui furent transférées ailleurs.

de 500 écus par mois. Il y a à Rome force particulieres devotions & confreries, où il se voit plusieurs grans tesmoingnages de pieté. Le commun me samble moins devotieus qu'aus bones villes de France, plus serimonieus bien : car en cete part là ils sont extremes. J'écris ici en liberté de consciance, en voici deus examples. Un quidam etant avecques une courtisane, & couché sur un lit & parmi la liberté de cete pratique-là, voila sur les 24 heures (*a*), l'Ave Maria soner : elle se jeta tout soudein du lit à terre, & se mit à genous pour [y faire sa priere. Etant avecques un'autre, voila la bone mere [car notammant les jeunes ont des vieilles gouvernantes, de quoi elles font des meres ou des tantes (*b*),] qui vient hurter à la

---

(*a*) Vers les sept heures du soir.
(*b*) Comme chez nous.

porte, & avecques cholere & furie arrache du col de cette jeune (fille) un laſſet qu'elle avoit, où il pandoit une petite Notre-Dame, pour ne la contaminer de l'ordure de ſon peché : la jeune ſantit un'extreme contrition d'avoir oblié à ſe l'oſter du col, come ell'avoit acoſtumé.

L'Ambaſſadur du Moſcovite vint auſſi ce jour-là à cete ſtation, vetu d'un manteau d'eſcarlate, & une ſoutane de drap d'or, le chapeau en forme de bonnet de nuit de drap d'or fourré, & au-deſſous une calote de toile d'arjant. C'eſt le deuſieme Ambaſſadur de Moſcovie qui ſoit venu vers le Pape. L'autre fut du tamps du Pape Pol 3e (a). On tenoit là que ſa charge portoit d'emouvoir le Pape à s'interpoſer à la guerre que le Roy de Polouigne faiſoit à ſon maiſtre, allegant que

____

(a) Paul III.

c'etoit à lui à foutenir le premier
effort du Turc ; & fi fon voifin l'af-
foibliffoit, qu'il demeureroit incapable à l'autre guerre, qui feroit une
grand feneftre ouverte au Turc ,
pour venir à nous ; offrant encore fe
reduire en quelques différences de
de relligion qu'il avoit avecq l'Eglife
Romaine. Il fut logé ches le Caftel-
lan (*a*), come avoit été l'autre du
tamps du Pape Pol , & nourri aus
defpans du Pape. Il fit grand inf-
tance de ne baifer pas les pieds du
Pape , mais fulemant la main droite ,
& ne fe voufit (*b*) randre qu'il ne
lui fût tefmoingné que l'Ampereur
mefme etoit fujet à cete ferimonie :
car l'example des Rois ne lui fuffi-
foit pas. Il ne favoit parler nulle
langue que la fiene , & étoit venu
fans truchemant. Il n'avoit que trois

(*a*) Le Gouverneur de Rome.
(*b*) Voulfit , voulut.

ou quatre homes de trein, & difoit
eftre paffé avecq grand dangier tra-
vefti, au travers de la Polouigne.
Sa nation eft fi ignorante des affaires
de deça, qu'il apporta à Venife des
lettres de fon maiftre adreffantes au
grand Gouvernur de la Seigneurie
de Venife. Interrogé du fans de cete
infcription, (*il répondit*), qu'ils
panfoint que Venife fût de la dition
(*a*) du Pape, & qu'il y envoïat des
Gouvernurs, com'à Boulouigne &
ailleurs. Dieu fache de quel gout ces
magnifiques reçeurent cet' ignorance.
Il fit des prefans & là & au Pape,
de fubelines (*b*) & renars noirs,
qui eft une fourrure encores plus
rare & riche.

Le 6 de Mars, je fus voir la Librerie du Vatican, qui eft en cinq
ou fix falles tout de fuite. Il y a un

____

(*a*) De la domination.
(*b*) De martes zibelines.

grand

grand nombre de livres atachés sur plusieurs rangs de pupitres ; il y en a auffi dans des coffres, qui me furent tous ouverts ; force livres écris à mein (*a*) & notammant un Seneque & les Opuscules de Plutarche. J'y vis de remercable la statue du bon Aristide à tout (*b*) une bele teste chauve, la barbe espesse, grand front, le regard plein de douceur & de magesté : son nom est escrit en sa base très-antique ; un livre de China (*c*), le charactere sauvage, les feuiles de certene matiere beaucoup plus tendre & pellucide (*d*)

(*a*) Ou force Manuscrits.

(*b*) Avec.

(*c*) Un Livre Chinois, peut-être de ceux appellés *King.* Voyez *du-Halde.*

(*d*) C'est-à-dire, plus mince & plus lisse que notre papier le plus fin. C'est le *papier d'écorce,* formé de la pellicule la plus proche du bois dans les arbres. *Voyez*

que notre papier; & parce que elle
ne peut souffrir la teinture de l'ancre, il n'est escrit que d'un coté de
la feuille, & les feuilles sont toutes
doubles & pliées par le bout de dehors où elles se tienent. Ils tiennent
que c'est la membrane (a) de quelque abre. J'y vis aussi un lopin de
l'antien papirus (b), où il y avoit
des caracteres inconnus : c'est un
écorce d'abre. J'y vis le Breviaire de
S. Gregoire (c) écrit à mein (d) :
il ne porte nul tesmoingnage de l'année, mais ils tienent que de mein à

Papillon, *tom.* 1, *ch.* 1, & Gerard Meer-
man.

(a) Ou l'écorce.

(b) Ou papier d'Egypte, composé des
filamens de la plante de ce nom.

(c) Est-ce de saint Grégoire, dit *le
Grand*, ou de Grégoire II, qui est aussi
révéré comme un Saint?

(d) A la main.

mein il eſt venu de lui. C'eſt Miſ-
ſal (*a*) à peu-près come le noſtre,
& fut aporté au dernier Concile de
Trante pour ſervir de teſmoingnage
à nos ſerimonies. J'y vis un livre
de S. Thomas d'Aquin, où il y a
des corrections de la mein du propre autheur, qui ecrivoit mal, une
petite lettre pire que la mienne.
Item une Bible imprimée en parchemin, de celes que Plantein vient de
faire en quatre langues (*b*), laquelle le Roy Philippes a envoïée à ce
Pape, come il dict en l'inſcription de la
relieure ; l'original du livre que le Roy
Henry d'Angleterre (*c*) compoſa contre Luter, lequel il envoïa il y a environ

---

(*a*) Miſſel.

(*b*) Appellées *Polygottes*. C'eſt la Bible
Polyglotte, dite de Philippe II, imprimée
par Chriſtophe *Plantin*, à Anvers, 1569,
en huit volumes *in-folio*.

(*c*) Henri VIII.

cinquante ans (*a*), au Pape Leon dixiesme , soubscrit de sa propre mein , avec ce beau distiche latin , aussi de sa mein :

Anglorum Rex Henricus , Leo
décime , mittit
Hoc opus , & fidei testem &
amicitiæ (b).

Je leus les Prefaces], l'une au Pape, l'autre au Lectur (*c*) : il s'excuse sur ses occupations guerrieres & faute

---

(*a*) Ce Pape étoit mort en 1521.

(*b*) » Henri , Roi d'Angleterre , envoye » cet Ouvrage à Léon X , comme un té- » moin de sa foi & un gage de son amitié »: Les Gens de Lettres remarqueront bien la faute de quantité qui gâte un peu ce disti- que (*decime*) ; mais Montaigne n'y regar- doit pas de si près , & puis les Poëtes cou- ronnés ont bien des priviléges. Peut-être aussi faut-il lire *maxime.*

(*c*) Lecteur.

de fuffifance ; c'eft un langage latin
bon pour fcholaftique. Je la vis (*la
Bibliothéque*) fans nulle difficulté ;
chacun la voit einfin (*a*), & en ex-
trait ce qu'il veut ; & eft ouverte
quafi tous les matins, & fi fus conduit partout & convié par un Jantilhome, d'en ufer quand je voudrois. M. notre Ambaffadur s'en
pàrtoit en mefme tamps, fans l'a-
voir veue, & fe pleignoit de ce
qu'on lui vouloit faire faire la cour
au Cardinal Charlet, maiftre de cete
Librerie pour cela ; & n'avoit, difoit il, jamès peu avoir le moïen de
voir ce Seneque ecrit à la mein,
ce qu'il defiroit infinimant. La fortune m'y porta, come je tenois fur
ce tefmoingnage la chofe pour defef-
perée. Toutes chofes font einfin (*b*)
aifées à certeins biais, & inaccef-

(*a*) Ainfi.
(*b*) Ainfi.

sibles par autres. " L'occasion &
» l'opportunité ont leurs privileges,
» & offrent souvant au peuple ce
» qu'elles refusent aus Rois. La cu-
» riosité s'ampeche (*a*) souvant elle
» mesme, come faict aussi la gran-
» dur & la puissance ". J'y vis aussi
un Virgile ecrit à mein, d'une lettre infiniemant grosse & de ce caractere long & etroit que nous voïons
ici aus inscriptions du tamps des Am-
pereurs, come environ le siecle de
Constantin, qui ont quelque façon
gothique, & ont perdu cete pro-
portion carrée qui est aus vieilles
escritures latines. Ce Virgile me con-
firma, en ce que j'ai tousiours jugé, que les quatre premiers vers
qu'on met en l'Æneide sont amprun-
tés (*b*) : ce Livre ne les a pas. Il y

(*a*) Se nuit à elle-même.

(*b*) Ce sont les quatre premiers vers qui
commencent par celui-ci :

a des Actes des Apostres escrits en très belle lettre d'or grecque, aussi vifve, & recente que si c'étoit d'aujourd'hui. Cete lettre est massive (*a*), & a un cors solide & eslevé sur le papier, de façon que si vous passés la mein pardessus, vous y santés de l'espessur. Je croi que nous avons perdu l'usage de cete escriture.

Le 13 de Mars, un vieil Patriarche d'Antioche, Arabe, très - bien versé en cinq ou six langues de celes de delà, & n'aïant nulle connoissance de la grecque, & autres nôtres, avecq qui j'avois pris beaucoup de familiarité, me fit present d'une

---

Ille ego qui quondam fragili modulatus avenâ , &c.

Sans déférer, plus que de raison, à l'autorité de ce Manuscrit, malgré *Scaliger, Masvicius, Desfontaines,* &c, nous pensons comme Montaigne; mais ce n'est pas ici le lieu d'entrer dans cette discussion.

(*a*) A du relief.

G iv

certene mixtion pour le secours de ma gravelle, & m'en prescrivit l'usage par escrit. Il me l'enferma dans un petit pot de terre, & me dît que je la pouvois conserver dix & vint ans, & en esperoit tel fruit, que de la premiere prinse je serois tout à fait guéri de mon mal. Afin que si je perdois son escrit, je le retreuve ici : il faut prandre cete drogue, s'en alant coucher, aïant legieremant soupé, de la grossur des deus pois, la mesler à de l'eau tiede ; l'aïant froissée sous les dois, & laissant un jour vuide entre deus, en prandre par cinq fois.

Disnant un jour à Rome avecq nostre Ambassadur, où estoit Muret & autres sçavans, je me mis sur le propos de la traduction Françoise de Plutarche (*a*), & contre ceus qui

(*a*) De Plutarque, par *Amyot*, La premiere édition est de Paris, Vascosan, 1567, 1574, 13 *vol. in 8°.*

l'estimoint beaucoup moins que je ne fais, je meintenois au moins cela : ,, Que ou le Traducteur a failli ,, le vrai sans de Plutarche, il y en ,, a substitué un autre vraisamblable, ,, & s'entretenant bien aus choses sui- ,, vantes & précédentes ''. Pour me montrer qu'en cela mesme je lui donnois trop, il fut produit deus passages, l'un duquel ils attribuent l'anidmadversion (*a*) au fils de M. Mangot, Avocat de Paris, qui venoit de partir de Rome, en la vie de Solon environ sur le milieu, où il dict que Solon se vantoit d'avoir affranchi l'Attique, & d'avoir osté les bornes qui faisoint les separations des hæritages. Il a failli, car ce mot grec signifie certenes marques qui se metoint sur les terres qui etoint engagées & obligées (*b*), affin que

____

(*a*) L'Observation & la critique.
(*b*) Aliénées, chargées de cens.

les acheturs fuſſent avertis de cete hypoteque. Ce qu'il a ſubſtitué des limites, n'a point de ſans accommodable ; car ce ſeroit faire les terres non libres, mais communes. Le latin d'Eſtiene (*a*) s'eſt aproché plus près du vrai. Le ſecont, tout ſur la fin du treté de la nourriture des enfans, » d'obſerver, dict il, ces re- » gles, cela ſe peut pluſtoſt ſouhai- » ter que conſeiller «. Le grec, diſent-ils, ſone (*b*), cela eſt plus deſirable qu'eſperable, & eſt une forme de proverbe qui ſe treuve ailleurs. Au lieu de ce ſans cler & aiſé, celui que le traductur y a ſubſtitué eſt mol & etrange ; parquoi recevant leurs præſuppoſitions du ſans propre de la langue, j'avouai de bone foi leur concluſion.

Les égliſes ſont à Rome moins

____

(*a*) De Henri Eſtienne.
(*b*) Porte à la lettre.

belles qu'en la plufpart des bones
viles d'Italie , & en general en Italie & en Allemaigne , encore communéemant moins belles qu'en France (*a*). A S. Pierre , il fe voit à
l'entrée de la nouvelle églife , des
enfeignes pandues pour trophées :
leur efcrit porte , que ce font enfeignes gaignées par le Roy fur les
Huguenots (*b*) ; il ne fpécifie pas
où & quant (*c*). Auprès de la chapelle Gregoriane , où il fe voit un
nombre infini de veux atachés en
la muraille , il y a entr'autres un
petit tableau carré , affés chetif &
mal peint , de la bataille de Mon-
contour (*d*). En la falle audavant

(*a*) Les François qui voyagent en Italie
ne trouvent plus cela.

(*b*) Ceci prouveroit l'influence que la
Cour de Rome avoit fur nos guerres de
religion , & fur les deux Ligues.

(*c*) Quand.

(*d*) Ville de Poitou , près de laquelle

la chapelle S. Sixte ou en la paroi,
il y a plufieurs peintures des accidans mémorables qui touchent le S.
Siege , comme la bataille de Jan
d'Auftria (*a*) , navale. Il y a la re-
préfantation de ce Pape , qui foule
aus pieds la tefte de cet Amperur
qui venoit pour lui demander par-
don , & les lui baifer (*b*) , non pas

---

l'armée des Huguenots , commandée par
l'amiral de Coligny , fut battue par l'armée
du Roi Charles IX , le 3 Octobre 1569.

(*a*) Don *Juan d'Autriche* , qui à la bataille donnée dans le golfe de Lepante , fur
les côtes de la Livadie , l'an 1571 , défit
entiérement la flotte des Turcs. Ce tableau ,
fuivant les relations modernes , ne fubfifte
plus là ; mais le même fujet eft peint dans
la grande falle du Vatican , & de la main
de *George Vafari* , à ce qu'on prétend.

(*b*) Cet Empereur eft Frédéric I , fur-
nommé *Barberouffe* , qui fut obligé de venir recevoir l'abfolution du Pape Alexandre
III , à Venife , l'an 1177.

les paroles dictes, selon l'histoire,
par l'un & par l'autre (*a*). Il y a
aussi deus andrets où la blessure de
M. l'Amiral de Chatillon est peinte
& sa mort, bien authantiquemant.

Le 15 de Mars M. de Monluc
me vint trouver à la pouinte du
jour, pour executer le dessein que
nous avions faict le jour avant, d'a-
ler voir Ostia. Nous passames le
Tibre sur le pont Notre-Dame &
sortismes par la porte del-Porto,
qu'ils nomoint antienemant Portuen-
sis: delà nous suivimes un chemin inégal & mediocremant fertile de vins
& de bleds ; & au bout d'environ
huit milles, venant à rejouindre le
Tibre, descendimes en une grande

(*a*) Ces paroles sont : *Super aspidem &*
basiliscum ambulabis, & conculcabis leonem
& draconem. Psal. 90, vers. 13. Le tableau
n'est plus à saint Pierre ; mais le sujet est
représenté dans la salle du Vatican.

pleine de preries & paſcages , au
bout de laquelle etoit aſſiſe une
grande ville , de quoi il ſe voit là
pluſieurs belles & grandes ruines
qui abordent au lac de Trajan , &
qui eſt un regorgemant de la mer
Tyrrehene (*a*) , dans lequel ſe venoint randre les navires ; mais la mer
n'y done plus que bien peu , & encore moins à un autre lac qui eſt
un peu audeſſus du lieu , qu'on no-
moit l'Arc de Claudius. Nous pou-
vions diner là avecq le Cardinal de
Peruſe (*b*) qui y eſtoit , & il n'eſt à
la vérité rien ſi courtois que ces
Seigneurs-là & leurs ſerviteurs ; &
me manda ledict Sr. Cardinal ,
par l'un de mes jans qui paſſa ſoudein par là , qu'il avoit à ſe plein-
dre de moi ; & ce meſme valet fut
mené boire en la ſommellerie du-

(*a*) De Toſcane.
(*b*) Peruſe.

dict Cardinal , qui ne avoit nulle amitié ny connoissance de moi , & n'usoit en cela que d'une hospitalité ordineire à tous etrangiers , qui ont quelque façon ; mais je creignois que le jour nous faillit à faire le tour que je voulois faire , aïant fort alongé mon chemin pour voir ces deus rives du Tibre. Là nous passames à bateau un petit rameau du Tibre, & entrâmes en l'isle Sacrée , grande d'environ une grande lieue de Gascouigne, pleine de pascages. Il y a quelques ruines & co-lonnes de mabre , com'il y en a plu-sieurs en ce lieu de Porto (*a*) , où estoit cete vieille ville de Trajan ; & en fait le Pape (*b*) désenterrer tous

____

(*a*) Village , reste d'une ville ancienne, (située à un quart de lieu d'Ostie , suivant M. l'Abbé *Richard* , & à une lieue suivant M. *de Lalande*) , bâtie par l'Empereur Claude , & réparée par Trajan , qui l'avoit fort embellie.

(*b*) Grégoire XIII.

les jours & porter à Rome. Quand nous eufmes traversé cet'ifle, nous rancontrames le Tibre à paffer, de quoi nous n'avions nulle commodité pour le regard des chevaus, & eftions à mefmes de retourner fur nos pas; mais de fortune voilà arriver à l'autre rive les fieurs du Bellai, Baron de Chafai, de Marivau, & autres : furquoi je paffai l'eau, & vins faire troque avec ces jantilshomes qu'ils prinfent nos chevaus & nous les leurs. Einfin (*a*) ils retournarent à Rome par le chemin que nous etions venus, & nous par le leur qui eftoit le droit d'Oftia.

O S T I A, quinfe milles, eft affife le long de l'antien canal du Tibre ; car il l'a un peu changé, & s'en efloingne tous les jours. Nous dejunafmes fur le pouin (*b*) à une

---

(*a*) De cette maniere, ainfi.
(*b*) C'eft-à-dire, tout debout, à la hâte.

petite taverne ; audelà nous vifmes
la Rocca, qui eft une petite place
affés forte où il ne fe fait nulle garde. Les Papes, & notammant celui-ci, ont faict en cete cofte de
mer dreffer des groffes tours ou vé-
dettes, environ de mille en mille,
pour prouvoir (*a*) à la defcente que
les Turcs (*b*) y faifoint fouvant,
mefme en tamps de vandange, &
y prenoint betail & homes. De ces
tours à tout (*c*) un coup de canon,
ils s'entravertiffent les uns les autres
d'une fi grande foudeineté, que l'a-
larme en eft foudein volée à Rome.
Autour d'Oftia font les falins, d'où
toutes les terres de l'Eglife font pro-
veues (*d*) : c'eft une grande plene
de marets où la mer fe defgorge. Ce

(*a*) *Providere*, s'oppofer.
(*b*) Les Corfaires.
(*c*) Avec.
(*d*) Pourvues.

chemin d'Ostia à Rome, qui est viæ
Ostiensis, a tout plein de grandes
merques (*a*) de son antienne beauté, force levées, plusieurs ruines
d'aqueducs, & quasi tout le chemin
semé de grandes ruines, & plus de
dens parts dudiêt chemin encore pavé de ce gros cartier noir, de quoi
ils planchoint (*b*) leurs chemins. A
voir cete rive du Tibre, on tient
aiséemant pour vraïe cete opinion,
que d'une part & d'autre tout étoit
garni d'habitations de Rome jusques
à Ostie. Entr'autres ruines, nous rancontrâmes environ à mi chemin sur
notre mein gauche, une très-bele
sepulture d'un Prætur (*c*) Romein,
de quoi l'inscription s'y voit encore
entiere. Les ruines de Rome ne se
voient pour la pluspart que par le

(*a*) De vestiges, de restes.
(*b*) Pavoient.
(*c*) Préteur.

maſſif & eſpais du baſtimant. Ils faiſoint de groſſes murailles de brique,
& puis ils les encroutoint (*a*) ou de
lames de mabre ou d'autre pierre
blanche, ou de certein fimant (*b*)
ou de gros carreau enduit par deſſus.
Cete croute, quaſi partout, a été
ruinée par les ans, ſur laquelle etoint
les inſcriptions : par où nous avons
perdu la pluſpart de la connoiſſance
de teles choſes. L'écrit ſe voit où le
baſtimant eſtoit formé de quelque
muraille de taille eſpoiſſe & maſ-
ſifve. Les avenues (*c*) de Rome,
quaſi par tout, ſe voient pour la
pluſpart incultes & ſteriles, ſoit par
le défaut du terroir, ou, ce que je
treuve plus vraiſamblable, que cete
ville n'a guiere de maneuvres &
homes qui vivent du travail de leurs

(*a*) Incruſtoient.
(*b*) Comme *la Pozzolane*.
(*c*) Le plat-pays, les champs.

meins. En chemin je trouvai, quand j'y vins, plusieurs troupes d'homes de villages qui venoint des Grisons & de la Savoïe, gaigner quelque chose en la saison du labourage des vignes & de leurs jardins; & me dirent que tous les ans c'etoit leur rante. C'est une ville toute cour & toute noblesse : chacun prant sa part de l'oisifveté ecclesiastique. Il n'est nulle rue marchande, ou moins qu'en une petite ville; ce ne sont que palais & jardins. Il ne se voit nulle rue de la Harpe ou de St. Denis; il me samble tousiours estre dans la rue de Seine, ou sur le cai (*a*) des Augustins à Paris. La ville ne change guiere de forme pour un jour ouvrier ou jour de feste. Tout le Caresme il se faict des stations; il n'y a pas moins de presse un jour ouvrier qu'un autre. Ce ne sont en

____

(*a*) Quai.

ce temps que coches, Prélats &
Dames. Nous revinmes choucher à
ROME, quinze milles. Le 16
de Mars, il me print envie d'aler
essaïer les eteuves de Rome, & fus
à celes de St. Marc, qu'on estime
des plus nobles; j'y fus tresté d'une
moïenne façon, sul (*a*) pourtant,
& aveq tout le respect qu'ils peuvent. L'usage y est d'y mener des
amies, qui veut, qui y sont frotées
aveq vous par les garçons. J'y appris
que de chaus vifve & orpimant, dé-
meslé à-tout (*b*) de la lessifve, deus
part de chaus & la tierce d'orpimant (*c*), se faict cete drogue &
ongant de quoi on faict tumber le
poil, l'aïant appliqué un petit demi

(*a*) Seul. Montaigne écrivoit comme il
prononçoit.

(*b*) Avec.

(*c*) C'est la composition des épilatoires
les plus usités.

quart d'heure. Le 17, j'eus ma cholique cinq ou six heures supportable, & randis quelque tamps après
une grosse pierre come un gros pi-
non (*a*) & de cete forme. Lors
nous avions des roses à Rome &
des artichaus; mais pour moi je n'y
trouvois nulle chaleur extraordinere, vestu & couvert come chés moi.
On y a moins de poisson qu'en France ; notammant leurs brochets ne
valent du tout rien, & les laisse
t'on au peuple. Ils ont rarement des
soles & des truites, des barbeaus (*b*)
fort bons & beaucoup plus grans
qu'à Bourdeaus, mais chers. Les dau-
rades (*c*) y sont en grand pris, &
les mulets plus grands que les nostres & un peu plus fermes. L'huile

---

(*a*) Pignon.

(*b*) *Barbeaux*, nommés à Bordeaux *Sur-
mulets*.

(*c*) Dorades.

y eſt ſi excellante , que cete picure
qui m'en demure au goſier en France , quand j'en ai beaucoup mangé ,
je ne l'ai nullemant ici. On y man-
ge des reſins frès tout le long de l'an ,
& juſques à cet'heure il s'en treuve
de très-bons pandus aus treilles. Leur
mouton ne vaut rien , & eſt en peu
d'eſtime. Le 18 , l'Ambaſſadur de
Portugal fit l'obédiance au Pape du
Royaume de Portugal , pour le Roy
Philippes (a). Ce meſme Ambaſſadur qui eſtoit ici pour le Roy treſ-
paſſé (b) & pour les Etats contra-
rians au Roy Philippes (c). Je ran-
contrai au retour de Saint Pierre un
home qui m'aviſa pleſammant de
deus choſes : que les Portuguais fai-

____

(a) Philippe II , fils de Charles V.

(b) Don Henri , Cardinal de Portugal ,
mort le 31 Janvier 1580 : après ſa mort,
Philippe II s'empara du Portugal.

(c) Les Etats du Portugal.

foint leur obédiance la femmene de la Paffion, & puis que ce mefme jour la ftation eftoit à Saint Jean Porta Latina, en laquelle Eglife certains Portuguais, quelques années y a, étoint antrés en une étrange confrerie. Ils s'efpoufoint mafle à mafle à la meffe, aveq mefmes ferimonies que nous faifons nos mariages, faifoint leur pafques enfamble, lifoint ce mefme évangile des nopces, & puis couchoint & habitoint enfamble (*a*). Les efperis romeins (*b*) difoint que, parce qu'en l'autre conjonction de mafle & femelle, cete fule circonftance la rand legitime, que ce foit en mariage, il avoit famblé à ces fines jans que cet'autre action deviendroit pareillemant jufte, qui l'auroit authorifée de ferimonies

----

(*a*) Impiété facrilége & monftrueufe que nous n'avons lue nulle part ailleurs.

(*b*) Les gens d'efprit à Rome.

&

& misteres de l'Eglise. Il fut brûlé huit ou neuf Portuguais de cete bele secte. Je vis la pompe Espaignole (*a*). On fit une salve de canons au Chateau St. Ange & au Palais (*b*), & fut l'Ambassadur conduit par les trompettes & tambours & archiers du Pape. Je n'entrai pas audedans voir la harangue & la serimonie. L'Ambassadur du Moscovite, qui étoit à une fenestre parée pour voir cete pompe, dict qu'il avoit été convié à voir une grande assamblée: mais qu'en sa nation, quand on parle de troupes de chevaus, c'est tousiours vint & cinq ou trante mille, & se moqua de tout cet appret, à ce que me dict celui mesmes qui étoit commis à l'antretenir par truchemant. Le Dimanche des

____

.(*a*) C'est à-dire, la cérémonie de l'obédience pour le Royaume de Portugal.

(*b*) Du Vatican.

Tome II.   H

Rameaus , je trouvai à vespres en un'église , un enfant assis au costé de l'autel sur une chese, vestu d'une grande robe de taffetas bleu neufve , la teste nue , aveq une courone de branches d'olivier , tenant à la mein une torche de cire blanche alumée. C'étoit un garçon de 15 ans ou environ , qui , par ordonnance du Pape , avoit été ce jour là délivré des prisons , qui avoit tué un autre garçon. Il se voit à St. Jean de Latran du mabre transparant (*a*). Landemein le Pape fit les sept Eglises (*b*). Il avoit des botes du costé de la cher, & sur chaque pied une crois de cuir plus blanc. Il mene tousiours un cheval d'Espaigne , une haquenée & un

---

(*a*) Apparemment de l'albâtre , ou quelqu'autre espece de marbre peu coloré.

(*b*) C'est-à-dire , la station des sept Eglises.

mulet, & une lettierre (*a*), tout de mesme parure; ce jour là le cheval en étoit à dire (*b*). Son escuier avoit deus ou trois peres d'esperons dorés en la mein, & l'attendoit au bas de l'eschele Saint Pierre; il les refusa & demanda sa lettierre, en laquele il y avoit deus chapeaus rouges quasi de mesme façon pandans atachés à des clous. Ce jour au soir me furent randus mes *ESSAIS*, chatiés selon l'opinion des Docturs Moines. Le Maestro del sacro palasso (*c*) n'en avoit peu juger que par le rapport d'aucun Frater (*d*) François, n'entan-

---

(*a*) *Litiere.* On a dit lectiere & lettiere, du Latin *Lectica.*

(*b*) Manquoit à la procession, à la marche.

(*c*) *Palazzo.* Le Maître du sacré Palais.

(*d*) Moine. Les Italiens disent *Frate*, ou par abréviation, *Fra*, comme *Fra-Paolo*, *Fra-Pietro*, &c.

dant nullemant notre langue ; & fe
contantoit tant des excufes que je
faifois fur chaque article d'animadverfion que lui avoit laiffé ce François, qu'il remit à ma confciance
de rabiller ce que je verrois être de
mauvès gout. Je le fuppliai, au rebours, qu'il fuivît l'opinion de celui qui l'avoit jugé, avouant en aucunes chofes, come d'avoir ufé de
mot de fortune, d'avoir nommé (*a*)
des Poëtes hæretiques, d'avoir excufé
Julian (*b*), & l'animadverfion fur
ce que celui qui prioit, devoit être
exampt de vitieufe inclination pour
ce tamps ; item, d'eftimer cruauté ce

____

(*a*) Cité.

(*b*) L'Empereur Julien, dit l'Apoftat.
Voyez dans les *Effais de Montaigne, liv.*
2, *ch.* 19, l'apologie & même l'éloge de
cet Empereur, d'où les admirateurs de Julien, qui ne fe laffent point d'exagérer fes
vertus, ont tout pris, en fe gardant bien de
citer la fource.

qui eſt audelà de mort ſimple; item,
qu'il falloit nourrir un enfant à tout
faire, & autres teles choſes, que
c'etoit mon opinion, & que c'etoit
choſes que j'avois miſes, n'eſtimant
que ce fuſſent erreurs; à d'autres
niant que le correctur eût entendu
ma conception. Ledict Maeſtro, qui
eſt un habill'home, m'excuſoit fort,
& me vouloit faire ſantir qu'il n'é-
toit pas fort de l'avis de cete refor-
mation, & pledoit fort ingénieuſe-
mant pour moi en ma preſance, contre un autre qui me combatoit, Italien auſſi. Ils me retindrent le livre
des hiſtoires de Souiſſes (a) traduit
en François, pour ce ſulemant que
le traductur eſt hæretique, duquel le
nom n'eſt pourtant pas exprimé; mais
c'eſt merveille combien ils connoiſ-
ſent les homes de nos contrées: &

(a) De *Simler.*

le bon (*a*), ils me dirent que la préface étoit condamnée. Ce mesme jour en l'Eglise Saint Jean de Latran, au lieu des Pœnitenciers ordineres qui se voient faire cet office en la pluspart des Eglises, Monseignur le Cardinal St. Sixte estoit assis à un couin, & donoit sur la teste de une baguette longue qu'il avoit en la mein, aus passans, & aus dames aussi, mais d'un visage sousriant & plus courtois, selon leur grandur & beauté. Le Mercredi de la semmene seinte, je fis les sept Eglises (*b*) aveq M. de Foix, avant disner, & y mismes environ cinq heures. Je ne sçai pourquoi aucuns se scandalisent de voir libremant accuser le vice de quelque particulier Prelat, quand il est connu & publicq; car ce jour

---

(*a*) C'est-à-dire, ce qu'il y a de plus singulier.

(*b*) La visite des sept Eglises.

là , & à S. Jean de Latran , & à l'Eglise Ste. Croix en Jerusalem , je vis l'histoire , escrite au long en lieu très apparant , du Pape Silvestre second (*a*) , qui est la plus injurieuse qui se puisse imaginer.

(*a*) Silvestre II , Auvergnat , auparavant nommé Gerbert , & successivement Archevêque de Reims & de Ravenne , intronisé le 2 Avril 999 , mourut le 11 Mai 1003. Il avoit remplacé Jean XVI , dit *Jean Bis* ou *l'Intrus* , déposé par l'Empereur Othon , qui l'avoit fait châtrer. Silvestre II étoit fort versé dans les mathématiques & l'astrologie, ce qui le fit passer pour sorcier. Ce Pape a tâché d'exprimer dans un seul vers latin , qui montre bien le goût du siécle où il écrivoit , les trois siéges qu'il occupa.

Scandit ab R. Gerbertus in R. post Papa regens R.

On lui a mal-à-propos attribué l'invention des horloges , sur un passage de Dittmar , mal interprété. *Voyez* Gallia Christiana , *tom.* 10.

H iv

Le tour de la ville que j'ai faict
plusieurs fois du côté de la terre,
depuis la porte del Popolo, jusques
à la porte S. Paulo, se peut faire
en trois bones heures ou quatre,
alant en trousse, & le pas ; ce qui
est delà la riviere se faict en une
heure & demie, pour le plus. Entr'autres plesirs que Rome me four-
nissoit en caresme, c'étoint les ser-
mons. Il y avoit d'excellans pre-
cheurs, come ce Rabi renié (*a*) qui
preche les Juifs le Sammedi après
dîner, en la Trinité (*b*). Il y a tous-
jours 60 Juifs qui sont tenus de s'y
trouver. Cetui (*c*) étoit un fort fameus Doctur parmi eus ; & (*d*) par

____

(*a*) C'est-à-dire, converti, devenu
chrétien.

(*b*) C'est la *Trinité du Mont*, l'un des
quartiers de Rome.

(*c*) Ce Rabbin prédicateur.
(*d*) Et qui.

leurs argumans, mesmes leurs Ra-
bis, & le texte de la bible, combat
leur creance. En cete sciance & des
langues qui servent à cela, il est admirable. Il y avoit un autre prechur
qui prechoit au Pape & aus Cardinaus, nomé Padre Toledo [en profondur de sçavoir, en pertinance &
disposition, c'est un home très rare];
un autre très-eloquent & populere,
qui prechoit aus Jesuistes, non sans
beaucoup de suffisance parmi son excellance de langage : les deus derniers
sont Jesuistes. C'est merveille combien de part ce colliege tient en la
Chretianté ; & croi qu'il ne fut jamais confrerie & cors parmi nous
qui tint un tel ranc, ny qui pro-
duisit enfin des effaicts tels que fai-
ront ceus ici, si leurs desseins con-
tinuent. Ils possedent tantost toute la
chretianté : c'est une pepiniere de
grands homes en toute sorte de grandur. C'est celui de nos mambres qui

H v

menaſſe le plus les hæretiques de notre tamps. Le mot d'un prechur fut que nous faiſions les Aſtrolabes de nos coches (*a*). Le plus commun exercice des Romeins, c'eſt ſe promener par les rues, & ordineremant l'entreprinſe de ſortir du logis ſe faiĉt pour aler ſulemant de rue en rue, ſans avoir ou s'arreter (*b*); & y a des rues plus particulieremant deſtinées à ce ſervice. A dire vrai, le plus grand fruit qui s'en retire, c'eſt de voir les Dames aus fenetres, & notammant les courtiſanes qui ſe montrent à leurs jalouſies, aveques un art ſi traitreſſe (*c*),

____

(*a*) C'eſt-à-dire, que nous faiſions un inſtrument à obſerver, ou un obſervatoire de nos voitures.

(*b*) Horace ſemble indiquer cet uſage, *liv.* 1, *ſat.* 9.

(*c*) C'eſt à-dire, traître, perfide, attirant : expreſſion Gaſcone, familiere à Montaigne & à Brantôme,

que je me fuis fouvant efmerveillé
come elles piquent ainfi notre veue ;
& fouvant etant defcendu de cheval
fur le champ, & obtenu d'être ouvert (*a*) je admirois cela, de combien elles fe montroint plus beles
qu'elles n'étoint (*b*). Elles fçavent
fe prefanter par ce qu'elles ont de
plus agréable ; elles vous prefante-
ront fulemant le haut du vifage, ou
le bas ou le cofté, fe couvrent ou
fe montrent, fi qu'il ne s'en voit
une fule lede à la fenêtre. Chacun
eft là à faire des bonetades (*c*) &
inclinations profondes, & à recevoir quelque euillade en paffant. Le
fruit d'y avoir couché la nuiét pour

––––––––––––––––––––––

(*a*) Ayant obtenu qu'on m'ouvrît.

(*b*) L'Art de ces Courtifanes eft celui de
toutes les femmes un peu coquettes; & qui
ne l'eft pas fur ce point ?

(*c*) Des faluts en fe découvrant la tête,
en ôtant le bonnet ou la barette.

H vj

un ecu ou pour quatre, c'eſt de leur faire einſin landemein la court en publiq. Il s'y voit auſſi quelques Dames de qualité, mais d'autre façon & contenance bien aiſée à diſcerner. A cheval on voit mieus; mais c'eſt affaire ou aus chetifs come moi, ou aus jeunes homes montés ſur des chevaus de ſervice qui (*a*) manient.

Les perſones de grade (*b*) ne vont qu'en coche, & les plus licentieus (*c*), pour avoir plus de veue contremont (*d*), ont le deſſus du coche entr'ouvert à clairvoiſes (*e*); c'eſt ce que vouloit dire le prechur de ces aſ-

---

(*a*) Qu'ils manient, font piaffer & caracoler.

(*b*) D'un certain rang, de diſtinction.

(*c*) Les plus galans, ou les plus libertins. *Voyez la Rome ridicule* du Poëte Saint Amand.

(*d*) Pour mieux voir en haut, aux fenêtres.

(*e*) Claires-Voies.

trolabes. Le Judy-saint au matin,
le Pape en pontificat (*a*) se met sur
le premier portique de S. Pierre, au
second etage, assisté des Cardinaus,
tenant, lui, un flambeau à la mein.
Là d'un costé, un Chanoine de St.
Pierre lit à haute vois une bulle latine où sont excommuniés une infinie sorte de jans, entre autres les
Huguenots, sous ce propre mot, &
tous les Princes qui détiennent quelque chose des terres de l'Eglise : auquel article les Cardinaus de Medicis & Caraffe, qui etoint jouignant
le Pape, se rioint bien fort (*b*).
Cete lecture dure une bone heure
& demie ; car à chaque article que
ce Chanoine lit en latin, de l'autre
costé le Cardinal Gonsague, aussi

____

(*a*) En habit pontifical.

(*b*) On pouvoit retourner ici le vers de
Virgile, & dire :

Quid fures ? audent talia cum dominis.

defcouvert, en lifoit autant en Italien. Après cela le Pape jeta cete
torche alumée contre bas au peuple, & par jeu ou autremant, le
Cardinal Gonfague un'autre; car il
y en avoit trois alumées. Cela choit
fur le peuple; il fe faict en bas tout
le trouble du monde à qui ara (*a*)
un lopin de cete torche, & s'y bat-
on bien rudemant à coup de pouin
& de bâton. Pandant que cete con-
damnation fe lit, il y a auffi une
grande piece de taffetas noir qui
pant fur l'accoudoir dudict portique, davant le Pape. L'excommuni-
cation faite, on trouffe ce tapis noir,
& s'en defcouvre un autre d'autre colur (*b*); le Pape lors done fes be-
nedictions publiques. Ces jours fe
montre la Veronique (*c*) qui eft un

(*a*) Aura.

(*b*) Couleur.

(*c*) *Verum Icon*, la Sainte-Face.

viſage ouvrageus , & de colur ſombre & obſcure , dans un carré come un grand miroir. Il ſe montre aveq ſerimonie du haut d'un popitre (*a*) qui a cinq ou ſix pas de large. Le preſtre qui le tient a les meins revetuës de gans rouges , & y a deus ou trois autres preſtres qui le ſoutienent. Il ne ſe voit rien aveq ſi grande reverance , le peuple proſterné à terre , la pluſpart les larmes aus yeux , aveq de ces (*b*) cris de commiſeration. Une fame , qu'on diſoit eſtre ſpiritata (*c*) , ſe tampetoit , voïant cete figure , crioit , tandoir & tordoit ſes bras. Ces preſtres ſe promenans autour de ce popitre , la vont preſantant au peuple , tantoſt ici , tantoſt là ; & à chaque mouvemant , ceus à qui on la preſante s'eſ-

---

(*a*) Pulpitre ou pupître.

(*b*) Avec des.

(*c*) Poſſédée ou obſédée.

crient. On y monftre auffi en mefme tamps & mefme ferimonie, le fer de lance (*a*), dans une bouteille de criftal. Plufieurs fois ce jour fe faict cête montre, aveq un, affamblée de peuple fi infinie, que jufques bien louin au dehors de l'Eglife, autant que la veue peut arriver à ce popitre, c'eft une extreme preffe d'homes & de fames. C'eft une vraïe Cour Papale : la pompe de Rome & fa principale grandur, eft en apparance de devotion. Il faict beau voir l'ardur d'un peuple fi infini à la religion ces jours-là. Ils ont çant confreries & plus, & n'eft guieres home de qualité qui ne foit ataché à quel-

―――――――――

(*a*) De la lance dont Jefus Chrift eut le côté percé, par le foldat *Longin* ou *Longis* qui en devint aveugle, fe convertit & fut martyrifé. *Voyez* les Bollandiftes, au quinze Mars. Cette relique exifte encore ailleurs.

cune : il y en a aucunes pour les étrangiers. Nos Roys font de cele du Gonfalon (*a*). Ces fociétées particulieres ont plufieurs actes de communication religieufe, qui s'exercent principalemant le Carefme ; mais ce jour-ici ils fe promenent en troupes, vetus de toile : chacune compaignie a fa façon, qui, blanche, rouge, bleue, verte, noire, la plufpart les vifages couvers. La plus noble chofe & magnifique que j'aie vue, ny ici ny ailleurs, ce fut l'incroiable nombre du peuple efpars ce jour là par la ville aus devotions, & notammant en ces compaignies. Car outre un grand nombre d'autres que nous avions veu le jour, & qui etoint venues à S. Pierre, come la nuict commança, cete ville fambloit être tout'en feu ;

____

(*a*) Au moins il eft bien fûr qu'Henri III, lors régnant, en étoit.

ces compaignies marchant par ordre
vers S. Pierre, chacun portant un
flambeau, & quaſi tous de cire blanche. Je croi que il paſſa davant moi
douſe mille torches pour le moins;
car deſpuis huit heures du ſoir juſques à minuit, la rue fut touſiours
plene de cete pompe, conduite d'un
ſi bon ordre & ſi meſuré, qu'encore
que ce fuſſent diverſes troupes & parties de divers lieus, il ne s'y vit jamès de breche ou interruption:
chaque cors aiant un grand cheur
de muſique, chantant touſiours en
alant, & au milieu des rancs une
file des Pœnitanciers qui ſe foitent-
à-tout (*a*) des cordes; de quoi il
y en avoit cinq çans, pour le moins,
l'eſchine toute eſcorchée & enſan-
glantée d'une piteuſe façon. C'eſt un'
œnigme que je n'entans pas bien encores; mais ils ſont tous meurtris

-----

(*a*) Avec.

& cruelemant bleffés, & fe tour-
mantent & batent inceffammant. Si
eft-ce qu'à voir leur contenance,
l'affurance de leur pas, la fermeté
de leur paroles, (car j'en ouis parler plufieurs), & leur vifage (car
plufieurs eftoint defcouvers par la
rue), il ne paroiffoit pas fulemant
qu'ils fuffent en action penible, voire
ny ferieufe, & fi y en avoit de junes
de doufe ou trefe ans. Tout contre
moi, il y en avoit un fort june, &
qui avoit le vifage agréable; une june
fame pleignoit de le voir einfin (*a*)
bleffer. Il fe tourna vers nous, &
lui dit, en riant : *Bafta, diffe che fo
questo per li lui peccati, non per li
miei.* (*b*). Non fulemant ils ne montrent nulle deftreffe ou force à cete

---

(*a*) Ainfi.

(*b*) *Bon ! dites-lui que je fais cela pour
ses péchés, non pour les miens.* Galanterie
Italienne.

action, mais ils le font aveq alle-
greſſe, ou pour le moins aveq tele
nonchalance, que vous les voiés
s'entretenir d'autres choſes, rire,
criailler en la rue, courir, ſauter,
come il ſe faiƈt à une ſi grand preſſe
où les rancs ſe troublent. Il y a des
homes parmi eus qui portent du
vin qu'ils leur preſantent à boire:
aucuns en prennent une gorgée. On
leur done auſſi de la dragée, & plus
ſouvant ceus qui portent ce vin en
metent en la bouche, & puis le
ſoufflent & en mouillent le bout de
leurs foits (*a*), qui ſont de corde,
& ſe caillent & colent du ſang, en
maniere que, pour le demeſler, il
les faut mouiller; à aucuns ils ſoufflent ce même vin ſur leurs plaïes.
A voir leurs ſouliers & chauſſes, il
parêt bien que ce ſont perſones de
fort peu, & qui ſe vandent pour ce

____

(*a*) Fouets.

service, au moins la plufpart. On
me dict bien qu'on greffoit leurs efpaules de quelque chofe; mais j'y ai
veu la plaïe fi vive, & l'offance fi
longue, qu'il n'y a nul medicamant
qui en fceût ofter le fantimant; &
puis ceus qui les louent, à quoi faire, fi ce n'étoit qu'une fingerie? Cete
pompe a plufieurs autres particularités. Come ils arrivoint à S. Pierre,
ils n'y faifoint autre chofe, finon
qu'on leur venoit à montrer el Vifo
Santo (*a*), & puis reffortoint & faifoint place aus autres. Les Dames
font ce jour là, en grande liberté;
car toute la nuit les rues en font
pleines, & vont quafi toutes à pied.
Toutes fois, à la vérité, il famble
que la ville foit fort reformée, notammant en cete desbauche. Toutes
euillades & apparances amoureufes
ceffent. Le plus beau fepulchre (*b*),

(*a*) La Sainte-Face.
(*b*) Ou Paradis.

c'est celui de Santa Rotunda (*a*), à cause des lumineres. Entr'autres choses, il y a un grand nombre de lampes roulant & tournoïant sans cesse de haut en bas. La veille de Pasques, je vis à S. Jean de Latran, les Chefs S. Pol & S. Pierre qu'on y montre, qui ont encore leur charnure, teint & barbe, come s'ils vivoint : S Pierre, un visage blanc un peu longuet, le teint vermeïl & tirant sur le sanguin, une barbe grise fourchue, la teste couverte d'une mitre papale; S. Pol, noir, le visage large &

(*a*) C'est-à-dire, de l'église de sainte Marie & des Martyrs, dite *la Rotonde*. C'est le fameux *Panthéon*, bâti par Agrippa, que le Pape Boniface IV obtint de l'Empereur Phocas, qu'il convertit en une Eglise, & consacra à la sainte Vierge, après y avoir fait transporter les reliques d'un très-grand nombre de Martyrs, tirées des cimetieres de Rome. On prétend qu'il y en avoit vingt-huit charriots chargés.

plus gras, la teſte plus groſſe, la barbe griſe, eſpeſſe. Ils ſont en haut dans un lieu exprès. La façon de les montrer, c'eſt qu'on apele le peuple au ſon des cloches, & que à ſecouſſes, on devale contre bas un rideau au derriere duquel ſont ces teſtes, à coſté l'une de l'autre. On les laiſſe voir le tamps de dire un Ave Maria, & ſoudein on remonte ce rideau : après on le ravale de meſmes, & cela juſques à trois fois : on refaict cete montre quatre ou cinq fois le jour. Le lieu eſt élevé de la hautur d'une pique, & puis de groſſes grilles de fer, au travers leſqueles on voit. On alume autour par le dehors, pluſieurs ſierges ; mais il eſt mal aiſé de diſcerner bien cleremant toutes les particularités ; je les vis à deus ou trois fois. La poliſſure de ces faces avoit quelque reſſamblance à nos maſques.

Le Mercredi après Paſques, M.

Maldonat (*a*) qui étoit lors à Rome, s'enquerant à moi de l'opinion que j'avois des mœurs de cete ville, & notammant en la Religion, il trouva son jugemant du tout conforme au mien, (*sçavoir*,) que le menu puple etoit, sans compareson, plus devot en France qu'ici ; mais les riches, & notammant courtisans, un peu moins. Il me dict davantage qu'à ceus qui lui allegoint que la France etoit toute perdue de heresie, notammant aus Espaignols, de quoi il y en a grand nombre en son Colliege, il maintenoit qu'il y avoit plus d'homes vraïmant religieus, en la sule ville de Paris, qu'en toute l'Espaigne ensamble.

Ils font tirer leurs bâteaus à la corde contremont la riviere du Tibre, par trois ou quatre paires de

---

(*a*) C'est le fameux Maldonat, Jésuite qu'il avoit rencontré à Epernay.

buffles.

buffles. Je ne ſçai come les autres
ſe trouvent de l'air de Rome ; moi
je le trouvois très-pleſant & ſein.
Le Sr. de Vielart (*a*) diſoit y avoir
perdu ſa ſubjection à la migrene : qui
étoit aider l'opinion du peuple, qu'il
eſt très-contrere aus pieds & commode à la teſte. Je n'ai rien ſi enemi,
à ma ſanté, que l'ennui & l'oiſifve-
té : là, j'avois touſiours quelque oc-
cupation, ſinon ſi pleſante que j'euſſe
peu deſirer, au moins ſuffiſante à
me deſenpuïer : comme à viſiter les
antiquités, les Vignes, qui ſont des
jardins & lieus de pleſir, de beauté
ſinguliere, & là où j'ai aprins combien l'art ſe pouvoit ſervir bien à
pouint d'un lieu boſſu, montueus,
& inégal ; car eus ils en tirent des
graces inimitables à nos lieus pleins
(*b*), & ſe prævalent très-artificiele-

(*a*) *Vialart.*
(*b*) Plaïns, unis, plats.

Tome II. I

mant de cete diversité. Entre les plus
beles sont celes des Cardinaus d'Es-
te , à Monte - Cavallo ; Farnese , al
Palatino (*a*) ; Ursino , Sforza , Medicis ; cele du Pape Jule ; cele de
Madama (*b*) ; les jardins de Farnèse , & du Cardinal Riario à Trans-
tevere (*c*) , de Cesio , fuora della
porta del populo (*d*). Ce sont beau-
tés ouvertes à quiconque s'en veut
servir , & à quoi que ce soit , fut-
ce à y dormir & en compaigne (*e*) ,
si les maistres n'y sont , qui n'ai-

————————————————————

(*a*) Le Palais Farnese , au Mont Palatin.

(*b*) La vigne Madame , ainsi nommée
pour avoir appartenu à Marguerite , Du-
chesse de Parme.

(*c*) Au quartier d'au-delà du Tybre.

(*d*) Hors de la porte du Peuple.

(*e*) C'est-à dire , même en la compagnie

ment guiere, ou aller ouir des fer-
mons , de quoi il y en a en tout
tamps , ou des difputes de Theo-
logie ; ou encore par fois, quelque
fame des publiques , où j'ai trouvé
cet'incommodité , qu'elles vandent
auffi cher la fimple converfation
(qui étoit ce que j'y cherchois ,
pour les ouïr devifer & participer
à leurs fubtilités ,) & en font autant efpargnantes que de la négo-
ciation entiere. Tous ces amufemans
m'embefouignoint affés : de melan-
cholie , qui eft ma mort , & de
chagrin , je n'en avois nul'occafion ,
ny dedans ny hors la maifon. C'eft
einfin (a) , une plefante demure ,
& puis argumanter par-là , fi j'euffe
gouté Rome plus privéemant , combien elle m'eût agréé ; car , en veri-

---

d'une femme, d'une courtifanne, ou de
toute autre efpece.

(a) Ainfi.

té , quoique j'y aïe emploïé d'art
& de souin , je ne l'ai connue que
par son visage publique (a) , &
qu'elle offre au plus chetif etran-
gier. Le dernier de Mars , j'eus un
accés de cholique , qui me dura
toute la nuit , assés supportable ; elle
m'emeut le ventre , avec des tran-
chées , & me dona un'acrimonie
d'urine , outre l'accoutumée. J'en
randis du gros sable & deus pierres.
Le Dimanche de Quasimodo , je vis
la serimonie de l'aumône des pucelles. Le Pape a , outre sa pompe
ordinere , vint cinq chevaus qu'on
mene davant (b) lui , parés & houssés de drap d'or , fort richemant accommodés , & dix ou douze mulets ,
houssés de velours cramoisi , tout cela conduit par ses Estaffiers , à pied ;
sa lettiere couverte de velours cra-

____

(a) Par son extérieur.
(b) Devant.

moifi. Au davant de lui , quatre
homes à cheval portoint , au bout
de certeins batons , couverts de velours rouge , & dorés par le poui-
gnet & par les bouts , quatre chapeaus rouges : lui étoit fur fa mule.
Les Cardinaus qui le fuivoint etoint
auffi fur leurs mules , parés de leurs
vetemans pontificaus , les cuhes (*a*)
de leurs robes étoint attachées à-
tout (*b*) un'eguillette , à la tetiere
de leurs mules. Les pucelles étoint
en nombre çaint & fept ; elles font
chacune accompaignée d'une vieille
parante. Après la Meffe , elles for-
tirent de l'Eglife & firent une longue proceffion. Au retour de là , l'une
après l'autre paffant au Cueur (*c*)
de l'Eglife de la Minerve , où fe

(*a*) Les queues, d'où font provenus les
offices de *Gentilshommes-Caudataires.*
(*b*) Avec.
(*c*) Chœur.

faict cete sérimonie , baisoint les
pieds au Pape ; & lui leur aïant
doné la benediction , done à chacune , de sa mein , une bourse de
damas blanc , dans laquelle il y a
une cedule (*a*). Il s'entant qu'aïant
trouvé mari , elles vont querir leur
aumosne , qui est trante - cinq escus
pour tête., outre une robe blanche
qu'elles ont chacune ce jour là , qui
vaut cinq escus. Elles ont le visage
couvert d'un linge , & n'ont d'ouvert que l'endret de la veue.

Je disois des commodités de Rome , entr'autres , que c'est la plus
commune ville du monde , & ou
l'etrangeté & differance de nation
se considere le moins ; car de sa
nature c'est une ville rappiecée d'e-
trangiers ; chacun y est come chés
soi. Son Prince ambrasse toute la

(*a*) Une ordonnance pour aller toucher
leur dot.

chretianté de son authorité ; sa principale jurisdiction oblige (*a*) les
etrangiers en leurs maisons , come
ici , à son election (*b*) propre ; &
de tous les princes & Grans de sa
Cour , la consideration de l'origine
n'a nul pois. La liberté de la police
de Venise , & utilité de la trasique
(*c*) la peuple d'étrangiers ; mais ils
y sont come chés autrui pourtant.
Ici ils sont en leurs propres offices
& biens & charges ; car c'est le
siege des persones ecclesiastiques. Il
se voit autant ou plus d'étrangiers à
Venise , (car l'affluance d'étrangiers
qui se voit en France , en Allemaigne , ou ailleurs , ne vient pouint à
cete compareson) , mais de resseans
(*d*) & domiciliés beaucoup moins.

(*a*) Soumet, assujétit.
(*b*) A sa volonté.
(*c*) Du commerce.
(*d*) A demeure.

Iiv

Le menu peuple ne s'effarouche non
plus de notre façon de vetemans,
ou Espaignole ou Tudesque, que
de la leur propre, & ne voit-on
guiere de belitre qui ne nous demande l'aumosne en notre langue (a).

Je recherchai pourtant, & am-
ploiai tous mes cinq sans de nature
pour obtenir le titre de Citoyen Romein, ne fut-ce que pour l'antien
honur, & religieuse memoire de
son authorité. J'y trouvai de la difficulté ; toutefois je la surmontai,
n'y ayant amploïé nulle faveur,
voire ny la sciance sulemant d'aucun François. L'authorité du Pape
y fut amploïée, par le moïen de
Philippo Musotti, son Maggior-do-

(a) Montaigne, *Essais, liv. 3, ch. 5,*
observe que ces bélitres ou mendians se
servent de cette impertinente expression,
en tendant la main : *Fate ben per voi.*

mo (*a*), qui m'avoit pris en singuliere amitié, & s'y pena fort ; &
m'en fut depeché lettres (*b*) 3°. Id.
Martii 1581 (*c*), qui me furent ran-

(*a*) Majordome.

(*b*) Le 13 Mars.

(*c*) Ces Lettres sont rapportées en Latin, dans le troisieme Livre *des Essais*, *ch.*
9, & en voici la traduction :

» Sur le rapport fait au Sénat par *Ho-*
racio Massimi, *Marzo Cecio*, & *Alexan-*
» *dre Muto* ou *Muti*, Conservateurs de la
» ville de Rome, concernant le droit de
» Cité, demandé par illustre personne,
» *Michel de Montaigne*, Chevalier de l'ordre
» de saint Michel, & Gentilhomme ordi-
» naire de la Chambre du Roi, le Sénat
» & le Peuple Romain a fait ainsi droit
» sur cette demande :

» Vu que, par un usage & un établis-
» sement anciens, les personnages distin-
» gués par leur mérite & par leur noblesse,
» propres à procurer quelque lustre & quel-
» que avantage à notre République, ou à
» le devenir un jour, ont toujours été

I v

dues le 5 d'Avril très-autantiques,
en la mesme forme & faveur de paroles que les avoit eues le Seigneur
Jacomo Buon-Compagnon, Duc de

» adoptés parmi nous avec amitié & em-
» preffement : Nous, fur l'exemple & l'au-
» torité de nos Peres, nous croyons de-
» voir imiter & fuivre cette louable cou-
» tume. A ces caufes, l'illuftriffime *Michel*
» *de Montaigne*, Chevalier de l'Ordre de
» faint Michel, & Gentilhomme ordinaire
» de la chambre du Roi, fort zélé pour
» le nom Romain, étant lui-même, par la
» confidération & par l'éclat de fa fa-
» mille, ainfi que par fes qualités per-
» fonnelles, très-digne d'être admis au
» droit de Cité Romaine, par les fuffra-
» ges & le jugement fouverain du Sénat
» & du Peuple Romain : Il a plu audit
» Sénat & Peuple Romain, d'adopter &
» d'infcrire parmi les Citoyens de Rome,
» l'illuftriffime *Michel de Montaigne*, qui
» joint à toutes les qualités dont il eft
» pourvu, l'affection de ce peuple refpec-
» table, & ce tant pour lui que pour fa

Sero, fils du Pape. C'eſt un titre
vein ; tant-y-a que j'ai receu beaucoup de pleſir de l'avoir obtenu.

———————

>> poſtérité ; & de le décorer de tous les
>> honneurs & avantages dont jouiſſent
>> ceux qui ſont nés Citoyens & Patriciens
>> de Rome, ou qui le ſont devenus aux
>> meilleurs titres. En quoi le Sénat & le
>> Peuple Romain aime à penſer que ce
>> n'eſt pas tant le droit de Cité qu'il
>> lui accorde , qu'une juſtice qu'il lui
>> rend (ou une dette qu'il lui paie,) &
>> que ce n'eſt pas plus un bienfait qu'il
>> répand ſur lui, qu'un bienfait qu'il re-
>> çoit lui-même, puiſque le Seigneur *de*
>> *Montaigne* , en recevant le droit de
>> Cité, lui fait un honneur ſingulier, &
>> lui ajoute un nouvel ornement. Et pour
>> donner plus d'autorité à ce *Senatus-*
>> *Conſulte*, les mêmes Conſervateurs l'ont
>> fait enregiſtrer par les Secrétaires ou
>> Greffiers du Sénat & du Peuple Romain,
>> & dépoſer en la Cour du Capitole. Ils
>> en ont fait dreſſer cet acte, & y ont
>> fait appoſer le ſceau ordinaire de la Vil-

Le 3 d'Avril je partis de Rome bon matin, par la porte S. Lorenzo Tiburtina (*a*) Je fis un chemin affés plein, & pour la pluspart fertile de bleds, & à la mode de toutes les avenues de Rome, peu habité. Je paffai la riviere del Teverone, qui eft l'antien Anio, premieremant au pont de Mammolo (*b*) ; fecondemant, au pont Lucan (*c*), qui retient encore fon antien nom. En ce pont il y a quelques infcriptions an-

---

» le. Donné l'an de la fondation de Rome » CXƆCCCXXXI, & de la naiffance de » Jefus-Chrift 1581, le 13 Mars » Signé *Horacio* & *Vincent Martoli* , Secrétaires du Sénat & du Peuple Romain.

(*a*) Qui conduit à Tivoli.

(*b*) Ainfi nommé par corruption de *Mammeo* , parce que ce pont fut rétabli par *Mammea* , mere de l'Empereur Alexandre Sévere. *Voyages* de M. de Lalande, *tom.* 5, *pag.* 336.

(*c*) Lucano.

tiques, & la principale fort lisable
(*a*). Il y a aussi deus ou trois sepul-
tures Romeines le long de ce chemin; il n'y a pas autres traces d'antiquités & fort peu de ce grand pavé
antien, & est Via Tiburtina (*b*). Je
me randis à disner à

TIVOLI, quinse milles : c'est
l'antien Tiburtum (*c*) couché aux
racines des monts, s'etandant la ville
le long de la premiere pante, assés
roide, qui rant son assiete & ses veues
très-riches : car elle comande une
pleine infinie de toutes parts, &
cete grand Rome. Son prospect est
vers la mer & ha derriere soi les
monts; cete riviere du Teverone la
lave, & près de là prant un mer-

––––––––––

(*a*) Ou lisible.

(*b*) La voie Tiburtine, ou le chemin
de Tivoli.

(*c*) Il falloit dire *Tibur*, c'est le nom
appellatif latin, non *Tiburtum*.

veilleus faut, defcendant des montaignes & fe cachant dans un ttou
de rochier, cinq ou fix çans pas,
& puis fe randant à la pleine où elle
fe joue fort diverfemant & fe va
joindre au Tibre un peu au deffus
de la ville (*a*). Là fe voit ce fameus palais & jardin du Cardinal
de Ferrare : c'eft une très-bele piece,
mais imparfaite en plufieurs parties,
& l'ouvrage ne s'en continue plus
par le Cardinal prefant. J'y confide-
rai toutes chofes fort particulieremant ; j'effaïerois de le peindre ici,
mais il y a des livres & peintures
publiques de ce fujet. Ce rejalliffe-
mant (*b*) d'un infinité de furjons
d'eau bridés & eflancés par un ful
reffort qu'on peut remuer de fort
louin, je l'avoi veu ailleurs en mon
voïage & à Florance, & à Auguf-

(*a*) C'eft la cafcade de Tivoli.
(*b*) Rejailliffement.

te (*a*), come il a été dict ci deſſus.
La muſique des orgues, qui eſt une
vraïe muſique & d'orgues natureles,
ſonans touſiours toutefois une meſme choſe, ſe faict par le moïen de
l'eau qui tumbe aveq grand violance
dans une cave ronde, voutée, & agite
l'air qui y eſt, & le contreint de gaigner, pour ſortir, les tuyaus des orgues & lui fournir de vent. Un'autre eau pouſſant une roue à tout (*b*)
certeines dents, faict batre par certein ordre le clavier des orgues; on
y oit auſſi le ſon de trompetes contrefaict. Ailleurs on oit le chant des
oiſeaus, qui ſont des petites flutes
de bronſe qu'on voit aus regales, &
randent le ſon pareil à ces petits
pots de terre pleins d'eau que les
petits enfants ſouflent par le bec,
cela par artifice pareil aus orgues,

(*a*) Augsbourg.
(*b*) Avec.

& puis par autres reſſorts on faict
remuer un hibou, qui, ſe preſantant ſur le haut de la roche, faict
ſoudein ceſſer cete harmonie, les
oiſeaus étant effraïés de ſa preſance,
& puis leur faict encore place : cela
ſe conduit einſin (*a*) alternative-
ment, tant qu'on veut. Ailleurs il
ſort come un bruit de coups de
canon ; ailleurs un bruit plus dru &
menu, come des harquebuſades :
cela ſe faict par une chute d'eau
ſoudeine dans des canaux, & l'air ſe
travaillant en meſne tamps d'en
ſortir, enjandre ce bruit. De toutes ces invantions ou pareilles, ſur
ces meſmes raiſons de nature, j'en
ai veu ailleurs. Il y a des eſtancs
ou des gardoirs (*b*), aveq une marge de pierre tout au tour, aveq
force piliers de pierre de taille

(*a*) Ainſi.
(*b*) Eaux plates, baſſins.

haus, audeſſus de cet accoudoir,
eſloignés de quatre pas environ l'un
de l'autre. A la teſte de ces piliers
ſort de l'eau aveq grand force, non
pas contre-mont, mais vers l'eſtanc.
Les bouches étant einſi tournées vers
le dedans & (ſe) regardant l'une
l'autre, jetent l'eau, & l'eſperpil-
lent dans cet eſtanc, avec tele violance, que ces verges d'eau viennent
à s'entrebatre & rancontrer en l'air,
& produiſent dans l'eſtanc une pluïe
eſpeſſe & continuelle. Le ſoleil tum-
bant là-deſſus enjandre, & au fons
de cet eſtanc & en l'air, & tout
autour de ce lieu, l'arc du ciel ſi
naturel & ſi apparant qu'il n'y a rien
à dire de celui que nous voïons au
Ciel. Je n'avois pas veu ailleurs cela.
Sous le palais, il y a des grans crus (a),
faits par art, & ſoupiraus, qui randent une vapur froide & refrechiſ-

___

(a) Creux.

sent infinimant tout le bas du logis : cete partie n'est pas toutefois parfaicte. J'y vis aussi plusieurs excellantes statues, & notammant une Nympe dormante, une morte ; & une Pallas celeste ; l'Adonis qui est chés l'Eveque d'Aquino ; la Louve de bronse ; & l'Enfant qui s'arrache l'espine, du Capitole ; le Laocoon & l'Antinoüs, de belvedere ; la Comedie, du Capitole ; le Satyre, de la vigne du Cardinal Sforza ; & de la nouvelle besouigne (*a*), le Moïse, en la sepulture de S. Pietro in Vincula (*b*) ; la belle fame qui est aus

---

(*a*) C'est-à-dire, de la main de *Michel-Ange*.

(*b*) Saint Pierre aux Liens. Cette sépulture est le tombeau du Pape Jules II, orné de plusieurs figures, & entr'autres d'une statue de Moïse, qui est un chef-d'œuvre.

pieds du Pape Pol tiers (*a*) en la nouvelle Eglise de S. Pierre (*b*). Ce sont les statues qui m'ont le plus agréé à Rome. Pratolino (*c*) est faict justemant à l'envi de ce lieu. En richesse & beauté des grottes, Florance surpasse infinimant ; en abondance d'eau, Ferrare ; en diversité de jeus & de mouvemans plesans tirés de l'eau, ils sont pareils ; si le Florantin n'a quelque peu plus de mignardise en la disposition & ordre de tout le cors du lieu. Ferrare en statues antiques, & en palais ; Florance en assiete du lieu,

---

(*a*) Paul III. Cette belle femme est une figure de la Justice en marbre, de *Guillaume della Porta*. Elle étoit presque nue : mais depuis l'indiscrétion d'un Espagnol, dont l'imagination étoit trop vive, on en a drappé une partie en bronze. *Voyages* de M. D. L. L. *tom.* 3 , *pag.* 101.

(*b*) C'est saint Pierre du Vatican.

(*c*) *Voyez* ci devant *pag.* 44.

beauté du prospect, surpasse infinimant Ferrare, & dirois en toute
faveur de nature, s'il n'avoit ce mal-
heur extreme que toutes ses eaus,
sauf la fontene qui est au petit jardin tout en haut, & qui se voit en
l'une des salles du palais, ce n'est
qu'eau du Teveron duquel il a des-
robé une branche, & lui a donné
un canal à part pour son service. Si
c'étoit eau clere & bone à boire,
come elle est aucontraire trouble &
lede, ce lieu seroit incomparable,
& notammant sa grande fontene qui
est la plus belle manufacture (*a*) &
plus belle à voir, aveq ses despen-
dances, que null'autre chose ny de
ce jardin ny dailleurs. A Pratoline,
au contrere, ce qu'il y a d'eau est de
fontene & tirée de fort louin. Parce
que le Teveron descent des montai-

(*a*) C'est-à-dire, construction de ce
genre.

gnes beaucoup plus hautes , les habitans de ce lieu s'en servent come
ils veulent , & l'example de plusieurs
privés (a) rant moins esmerveillable
cet ouvrage du Cardinal. J'en partis
landemein après disner , & passai à
cete grande ruine à mein droite du
chemin de nostre retour , qu'ils disent contenir six milles & être une
ville, come ils disent être le Prœdium
(b) d'Adrian, l'Ampereur. Il y a sur
ce chemin de Tivoli à Rome , un
ruisseau d'eau souffreuse qui le tranche (c). Les bors du canal sont tout
blanchis de souffre, & rand un odur
à plus d'une demie lieue de là : on
ne s'en sert pas de la (d) medecine.
En ce ruisseau se treuvent certeins
petits corps bastis de l'escume de

(a) Particuliers.

(b) La maison de plaisance.

(c) Le coupe ou traverse.

(d) C'est-à-dire, dans la médecine.

cete eau , reſſamblant ſi propremant
à notre dragée , qu'il eſt peu d'homes qui ne s'y trompent , & les habitans de Tivoli en font de toutes
ſortes de cete meſme matiere , de
quoi j'en achetai deus boîtes 7 ſ. 6.
d. Il y a quelques antiquités en la
ville de Tivoli , comme deus Termes
qui portent une forme très antique,
& le reſte d'un Tample où il y a
encore pluſieurs piliers entiers : lequel Tample ils diſent avoir été le
Tample de leur antiene Sybille. Toutefois ſur la cornice (*a*) de cet'-
Egliſe , on voit encore cinq ou ſix
groſſes lettres qui n'étoint pas conti-
nuées ; car la ſuite du mur eſt encore
entiere. Je ne ſçais pas ſi au davant
il y en avoit , car cela eſt rompu ;
mais en ce qui ſe voit , il n'y a que
Ce..Ellius (*b*) L. F. Je ne ſçai ce

(*a*) Corniche.
(*b*) *Cerellius.*

que ce peut estre. Nous nous randimes au soir à

ROME, quinse milles, & fis tout
ce retour en coche sans aucun ennui, contre ma costume. Ils ont
un'observation ici beaucoup plus cu-
rieuse qu'ailleurs : car ils font differance aus rues, aus cartiers de la
ville, voire aus departemens de leurs
maisons, pour respect de la santé,
& en font tel estat qu'ils changent
de habitation aus sesons; & de ceus
mesmes qui les louent, qui (*a*) tient
deus ou trois Palais de louage à fort
grand despance, pour se remuer aux
sesons, selon l'ordonance de leurs
Medecins. Le 15 d'Avril, je fus prandre congé du Maistre del sacro Palazzo & de son compaignon, qui
me priarent » ne me servir pouint de
» la censure de mon Livre (*b*) en

(*a*) Tel.
(*b*) C'est-à dire, n'y avoir aucun égard.

» laquelle autres François les avoint
» avertis qu'il y avoit plusieurs soti-
» ses ; qu'ils honoroint & mon in-
» tention & affection envers l'Eglise
» & ma suffisance, & estimoint tant
» de ma franchise & consciance,
» qu'ils remetoint à moi-mesmes de
» retrancher en mon Livre , quand
» je le voudrois réimprimer, ce que
» j'y trouverois trop licentieus , &
» entr'autres choses, les mots de for-
» tune ". Il me sambla les laisser fort
contans de moi ; & pour s'excuser
de ce qu'ils avoint einsi curieusemant
veu mon Livre & condamné en quelques choses , m'allegarent plusieurs
Livres de notre tamps de Cardinaus
& Religieus de très-bone réputation,
censurés pour quelques teles imper-
fections, qui ne touchoint nulemant
la reputation de l'authur ny de l'eu-
vre en gros ; me priarent d'eider à
l'Eglise par mon éloquance (ce sont
leurs mots de courtoisie) , & de faire

demure

demure en cete ville paifible & hors
de trouble aveques eus. Ce font per-
fones de grande authorité & cardi-
nalables (*a*).

Nous mangions des artichaus, des
fèves, des pois, environ la mi-Mars.
En Avril il eft jour à leur dix heures (*b*), & crois aus plus longs jours,
à neuf (*c*). En ce tamps là je prins,
entr'autres, connoiffance à un Polonois le plus privé ami qu'eût le
Cardinal Hofius (*d*) lequel me fit
prefant de deus examplaires du livret

(*a*) En état d'être Cardinaux, comme
on dit *Cardinal papable.*

(*b*) C'eft-à-dire, environ à quatre heures & demie ou cinq heures du matin.

(*c*) Environ à trois heures du matin.

(*d*) Cardinal Polonois, qui fit l'ouverture du Concile de Trente, en qualité de
Légat du Pape Pie IV. Grégoire XIII le fit
Pénitencier de l'Eglife Romaine, & il mourut à Rome eu 1579. Ainfi fa mort étoit
récente.

Tome II. K

qu'il a faict de sa mort, & les corrigea de sa mein. Les douceurs de la demure de cete ville s'estoint de plus de moitié augmentées en la praticant ; je ne goutai jamais air plus tamperé pour moi, ny plus commode à ma complexion. Le 18 de Avril j'alai voir le dedans du Palais du Sig. Jan George Cesarin, où il y a infinies rares anticailles & notamant les vraies testes de Zenon, Possidonius, Euripides, & Carneades, come portent leurs inscriptions græques très antienes (*a*). Il a aussi les portrets des plus belles Dames Romeines vivantes, & de la seignora Clœlia-Fascia Farnèse, sa fame, qui est, sinon la plus agréable, sans compareson la plus eimable fame qui fût pour lors à Rome, ny que je sçache ailleurs. Celui ci dict être de la race des Cœ-

____

(*a*) La plupart de ces têtes doivent être maintenant au Capitole.

fars, & porte par fon droit le con-
falon de la noblefſe Romeine; il eſt
riche & a en ſes armes la colonne
avec l'ours qui y eſt ataché , &
au deſſus de la colonne un'egle
eploiée (*a*).

C'eſt une grande beauté de Rome
que les vignes & jardins, & leur ſeſon eſt fort en eſté.

(*a*) En voici le blaſon par Vulſon :
d'or , à un *ours* de ſable amuſelé d'argent,
& lié par une *chaîne* de même à une *co-*
lonne d'azur , ſurmontée d'un *aigle* de ſable, becqué & membré de gueules. Cimier,
un aigle de ſable. Supports , deux aigles de
même. De cette maiſon Cézarini eſt ſorti
un Cardinal l'an 1513 , contre lequel pa-
rut cette paſquinade, tirée de ſon écu :

REDDE Aquilam Imperio , Columnis redde colum-
nam ,
Urſam Urſis : remanet ſola catena tibi.

Le Duc de *Cavilanova* (Jean Cézarini) Baron Romain, fut cordon-bleu ſous Louis
XIII.

Le Mercredy , 19 d'Avril , je partis de Rome après difner , & fumes
conduits jufques au pont de Mole (*a*)
par MM. de Marmoutiés (*b*) de la
Trimouille, du Bellay, & autres jantils homes. Aïant paffé ce pont,
nous tournames à mein droite, laif-
fant à mein gauche le grand chemin
de Viterbe par lequel nous etions
venus à Rome, & à mein droite le
Tibre & les Monts. Nous fuivimes
un chemin decouvert & inégal , peu
fertile & pouint habité; paffames le
lieu qu'on nome *prima porta* , qui eft
la premiere porte à fept milles de
Rome, & difent aucuns que les murs
antiens de Rome aloint jufques là, ce
que je ne treuve nullemant vraifam-
blable. Le long de ce chemin, qui
eft l'antiene via Flaminia (*c*), il y a

(*a*) Ponte-Mole.
(*b*) C'eft Noirmoûtier.
(*c*) Voie Flaminienne.

quelques antiquités inconnues & rares; & vinmes coucher à

CASTEL-NOVO, sese mille.
Petit castelet qui est de la case (*a*)
Colonne, enseveli entre des montai-
gnetes en un sit qui me represantoit
fort les avenues fertiles de nos montagnes Pirenées sur la route d'Aigues-
Caudes. Landemein 20 d'Avril, nous
suivimes ce mesme païs montueus,
mais très plesant, fertile & fort habité, & vinmes arriver à un fons le
long du Tibre à

BORGUET (*b*), petit castelet
apartenant au Duc Octavio Farnèse.
Nous en partismes après disner, &
après avoir suivi un très plesant vallon
entre ces collines, passames le Tibre
à Corde (*c*), où il se voit encore des
grosses piles de pierre, reliques du

(*a*) Ou maison.
(*b*) Borghetto.
(*c*) Orta.

pont qu'Auguste y avoit faict faire pour atacher (*a*) le païs des Sabins, qui est celui vers lequel nous passâmes, aveq celui des Falisques, qui est de l'autre part. Nous rancontrâmes après Otricoli, petite villette apartenant au Cardinal diPeruggi (*b*). Au davant de cete ville, il se voit en une belle assiete, des ruines grandes & importantes; le païs montueus & infinimant plesant, presante un prospect de region toute bossée, mais très fertile partout (*c*) & fort peuplée. Sur ce chemin se rancontre un escrit (*d*), où le Pape (*e*) dict avoir faict & dressé ce chemin, qu'il nome

---

(*a*) Joindre.

(*b*) De Pérouse.

(*c*) Cete description est toute conforme à celle qu'en fait M. l'Abbé *Richard*, tom. 6 de son *Voyage*, pag. 442 & 443.

(*d*) Une inscription latine.

(*e*) Toujours Grégoire XIII.

viam Boncompaignon (*a*), de son nom. Cet ufage de mettre einfi par efcrit & laiſſer teſmouignage de tels ouvrages, qui ſe voit en Italie & Allemaigne, eſt un fort bon eguillon; & tel qui ne ſe foucie pas du publiq, ſera acheminé par cet' eſperance de reputation, de faire quelque choſe de bon. De vrai, ce chemin étoit plus la pluſpart mal aifé, & a preſant on l'a randu acceſſible aus coches meſmes juſques à Lorette. Nous vinmes coucher à

NARNI, dix milles, Narnia en latin. Petite ville de l'Egliſe, aſſiſe ſur le haut d'un rochier, au pied duquel roule la riviere Negra (*b*), Nar en latin; & d'une part ladite ville regarde une très pleſante plene où ladicte riviere ſe joue & s'enveloppe eſtrangement. Il y a en la place une

---

(*a*) Voie ou chemin de Boncompagnon.
(*b*) Nera.

très-belle fontene. Je vis le dôme, & y remercai cela que la tapiſſerie qui y eſt, a les eſcrits & rimes Françoiſes de notre langage antien. Je ne ſçeus aprendre d'où cela venoit (*a*); bien aprins je du peuple qu'ils ont de tout tamps grand'inclination à notre faveur. Ladicte tapiſſerie eſt figurée de la paſſion, & tient tout l'un coſté de la nef. Parceque Pline dict qu'en ce lieu là ſe treuve certeine terre qui s'amollit par la chaleur & ſe ſeche par les pluies, je m'en enquis aus habitans qui n'en ſçavent rien. Ils ont a un mille près de là, des eaus fredes qui font meſme eſſaict des nôtres chaudes ; les malades s'en ſervent ; mais elles ſont peu fameuſes. Le logis, ſelon la forme d'Italie, eſt des bons, ſi eſt-ce que

----

(*a*) Vraiſemblablement des François, que les guerres d'Italie y firent paſſer ſous Charles VIII, Louis XII & François I.

nous n'y avions pouint de chandelle,
eins (*a*) par tout de la lumiere à
huile. Le 21, bon matin, nous def-
cendifmes en une très plefante vallée
où court ladicte riviere Negra, laquele riviere nous pafsâmes fur un
pónt aus portes de Tatni que nous
traverfames, & fur la place vifmes
une colonne fort antique qui eft encore fur fes pieds. Je n'y aperçus
nulle infcription, mais à côté il y a
la ftatue d'un Lion relevée, audeffous
de laquelle il y a en vieilles lettres
une dédicace à Neptune, & encore
ledict Neptunus infculpé (*b*) en mabre à tout (*c*) fon equipage. En cete
mefme place il y a une infcription,
qu'ils ont relevée en lieu eminant,
à un A. Pompeius A. F. Les habitans de cete ville, qui fe nome Inte-
ramnia, pour la riviere de Negra qui

(*a*) Mais.
(*b*) Sculpté en bas-relief.
(*c*) Avec fon char & fon trident.

K v

la preſſe d'un côté & un autre ruiſſeau par l'autre, ont erigé une ſtatue
pour les ſervices qu'il a fai␣ à ce
peuple; la ſtatue n'y eſt pas, mais je
jugeai la vieilleſſe de cet eſcrit, par
la forme d'eſcrire en diptonge (*a*)
periculeis (*b*) & mots ſemblables.
C'eſt une belle villete (Narni) en
ſingulieremant pleſante aſſiete. A ſon
cul d'où nous venions, ell'a la pleine
très fertile de cete valée, & au de-
là, les coteaus les plus cultivés, ha-
bités. Et entr'autres choſes, pleins
de tant d'oliviers, qu'il n'eſt rien de
plus beau à voir, attandu que parmi
ces couteaus, il y a quelquefois des
montaignes bien hautes qui ſe voient
juſques ſur la ſime labourées & fertiles de toutes ſortes de fruis. J'avois
bien fort ma cholique, qui m'avoit
tenu 24 heures, & étoit lors ſur ſon

(*a*) Diphtongue.
(*b*) Pour *periculis*.

dernier effort ; je ne leſſai pourtant de m'agreer de la beauté de ce lieu là. Delà nous nous engajames un peu plus avant en l'Appennin , & trouvaſmes que c'eſt à la vérité une belle grande & noble reparation , que de ce nouveau chemin que le Pape y a dreſſé , & de grande deſpanſe & commodité. Le peuple voiſin a été contreint à le bâtir ; mais il ne ſe pleint pas tant de cela que de ce que ſans aucune recompanſe , où il s'eſt trouvé des terres labourables , vergiers , & choſes ſamblables , on n'a rien eſpargné pour cete eſplanade. Nous viſmes à noſtre mein droite une tête de colline pleſante , ſeſie (*a*) d'une petite villete. Le peuple la nome Colle Scipoli (*b*) : ils diſent que c'eſt antienemant Caſtrum Scipionis. Les autres montaignes ſont plus hautes ,

-----

(*a*) Occupée par.
(*b*) Colliſcipoli.

ſeches & pierreuſes, entre leſquelles & la route d'un torrant d'hyver, nous nous randiſmes à

SPOLETO (*a*), dix-huit milles. Ville fameuſe & commode, aſſiſe parmi ces montaignes & au bas. Nous fumes contreins d'y montrer notre bollette (*b*), non pour la peſte qui n'eſtoit lors en nulle part d'Italie, mais pour la creinte en quoi ils ſont d'un Petrino, leur citoïen, qui eſt le plus noble (*c*) bani volur d'Italie, & duquel il y a plus de fameus exploits, duquel ils creignent & les villes d'alentour d'être ſurpris. Cete contrée eſt ſemée de pluſieurs tavernes; & où il n'y a pouint d'habitation, ils font des ramées (*d*) où il

---

(*a*) Spolette.
(*b*) Billet de ſanté.
(*c*) Célébre ou fameux.
(*d*) Treilles ou ſalles-vertes, *Nicot.* Ce détail ſent un peu l'âge d'or.

y a des tables couvertes & des eufs cuits & du fromage & du vin. Ils n'y ont pouint de burre & servent tout fricassé de huille. Au partir de là, ce mesme jour après disner, nous nous trouvasmes dans la vallée de Spoleto, qui est la plus bele pleine entre les montaignes qu'il est possible de voir, large de deus grandes lieues de Gascouigne. Nous descouvrions plusieurs habitations sur les croupes voisines. Le chemin de cette pleine est de la suite de ce chemin que je vien de dire du Pape, droit à la ligne, come une carriere faicte à poste (*a*). Nous laissâmes force villes d'une part & d'autre; entr'autres sur la mein droite, la ville de Trevi (*b*). Servius dict sur Virgile, que c'est Oliviferæque Mutiscæ (*c*), de quoi il parle Liv. 7.

(*a*) Exprès.

(*b*) De Terni.

(*c*) Ou *Mutusca*.

Autres le nient & argumantent au contrere; tant-y-a que c'eſt une ville pratiquée ſur une haute montaigne & d'un endret étandue tout le long de ſa pante juſques à mi montaigne. C'eſt une très-pleſante aſſiete, que cete montaigne chargée d'oliviers tout au tour. Ce chemin là nouveau, & redreſſé depuis trois ans, qui eſt le plus beau qui ſe puiſſe voir, nous nous randiſmes au ſoir à

FOLIGNI (*a*) douze milles. Ville bele, aſſiſe ſur cet pleine qui me repreſanta à l'arrivée le plan de Sainte-Foi (*b*), quoiqu'il ſoit beaucoup plus riche & la vile beaucoup plus bele & peuplée ſans compareſon. Il y a une petite riviere ou ruiſſeau qui ſe nome Topino. Cete ville s'apelloit

---

(*a*) Foligno.

(*b*) Sainte-Foi en Périgord, près du Château de Montaigne. *Voyez* ci-deſſus, article *Kempten*, *pag.* 108.

antienemant Fulignium , autres (*a*)
Fulcinia , baftie au lieu de Forum
Flaminium. Les hofteleries de cete
roure , où la plufpart , font compa-
rables aux Françoifes , fauf que les
chevaus n'y treuvent guiere que du
foin à manger. Ils fervent le poiffon
mariné & n'en ont guiere de frais.
Ils fervent des fèves crues par toute
l'Italie , & des pois & des amandes
vertes , & ne font guiere cuire les
artichaux. Leurs aires (*b*) font pavés
de carreau. Ils atachent leurs beufs
par le muffle , à-tout (*c*) un fer qui
leur perce l'entredeus des nafeaus
come des buffles. Les mulets de bagage, de quoi ils ont foifon & fort
beaus , n'ont leurs pieds de davant
ferrés à notre mode, eins (*d*) d'un

(*a*) Et felon d'autres.
(*b*) Ou planchers.
(*c*) Avec.
(*d*) Mais.

fer ront , s'entretenant tout au tour
du pied , & plus grand que le pied.
On y rancontre en divers lieus les
Moines qui donent l'eau benite aus
paſſans , & en atandent l'aumône , &
pluſieurs enfans qui demandent l'aumône , prometant de dire toute leur
diſene de pati-nôtres , qu'ils montrent en leurs meins , pour celui qui
la leur aura baillée. Les vins n'y ſont
guere bons. Landemein matin , aïant
laiſſé cete bele pleine , nous nous re-
jetâmes au chemin de la montaigne ,
où nous retrouvions force beles pleines , tantoſt à la teſte , tantoſt au
pied du mont. Mais ſur le comancemant de cete matinée , nous euſmes
quelque tamps un très-bel object de
mille diverſes collines , revetues de
toutes pars de très-beaus ombrages
de toute ſorte de fruitiers & des plus
beaus bleds qu'il eſt poſſible , ſouvant en lieu ſi coupé & præcipitus

(*a*), que c'étoit miracle que sulemant les chevaus puiſſent avoir accès.
Les plus beaus vallons, un nombre
infini de ruiſſeaus, tant de maiſons &
villages par-ci par-là, qu'il me reſou-
venoit des avenues de Florance, ſauf
que ici il n'y a nul palais ny maiſon
d'apparance; & là le terrein eſt ſec
& ſterile pour la pluſpart, là ou (*b*)
en ces collines il n'y a pas un pouſſe
de terre inutile. Il eſt vrai que la
ſeſon du printamps les favoriſoit.
Souvant, bien louin au-deſſus de
nos teſtes, nous voions (*c*) un beau
vilage, & ſous nos pieds, come aus
Antipodes, un'autre aiant chacun
pluſieurs commodités & diverſes:
cela meſme n'y done pas mauvès

(*a*) *Précipiteux*, eſcarpé.

(*b*) Au lieu que.

(*c*) Voyions.

luſtre, que parmi ces montaignes ſi fertiles l'Apennin montre ſes teſtes refrouignées & inacceſſibles, d'où on voit rouller pluſieurs torrans, qui aïant perdu cete premiere furie, ſe randent là toſt-après dans ces valons des ruiſſeaus très pleſans & très-dous. Parmi ces boſſes (*a*), on deſcouvre & au haut & au bas pluſieurs riches pleines, grandes par fois à perdre de veüe par certein biaiz du proſpect. Il ne me ſamble pas que nulle peinture puiſſe repreſanter un ſi riche païſage. De-là nous trouvions le viſage de notre chemin, tantoſt d'une façon, tantoſt d'un' aurre, mais touſiours la voïe très aiſée; & nous randiſmes à diſner à

LA MUCCIA, vingt milles. Petite villote aſſiſe ſur le fluve de Chiento. De-là nous ſuiviſmes un chemin bas & aiſé au travers ces mons, &

(*a*) Hauteurs, montagnes.

parceque j'avoi donné un soufflet à notre vetturin (*a*), qui eſt un grand excès ſelon l'uſage du païs, temouin le vetturin qui tua le Prince de Tré-ſignano, ne me voiant plus ſuivre audict vetturin, & en étant tout à part moi un peu en humur (*b*), qu'il fit des informations ou autres choſes, je m'arretai contre mon deſſein (qui étoit d'aler à Tolentino) à ſouper à

VALCHIMARA, huit milles. Petit village, & la poſte, ſur ladicte riviere de Chiento. Le Dimanche landemein, nous ſuivìmes touſiours ce valon entre des montaignes cul-tivées & fertiles juſques à Tolentino, petite villete, au travers de laquele nous paſſames & rancontrames après le païs qui s'applaniſſoit, & n'avions plus à nos flancs que des petites croꝗ

(*a*) Voiturier.

(*b*) C'eſt-à-dire, inquiet.

pes (*a*) fort acceſſibles , raportant (*b*)
cete contrée fort à l'Agenois , où il
eſt le plus beau le long de la Garon-
ne ; ſauf que , come en Souiſſe , il ne
s'y voit nul chateau ou maiſon de
gentilhome , mais pluſieurs villages
ou villes ſur les côteaus. Tout cela
fut , ſuivant le Chiento , un très-
beau chemin , & ſur la fin , pavé de
brique , par où nous nous randiſmes
à diſner à

MACERATA , dix-huit milles.
Belle ville de la grandur de Libour-
ne , aſſiſe ſur un haut en forme apro-
chant du ront , & ſe hauſſant de
toutes pars egalemant vers ſon vantre. Il n'y a pas beaucoup de baſtimans beaus. J'y remercai un Palais
de pierre de taille , tout taillé par le
dehors en pouinte de diamans carrée ;

____

(*a*) Croupes , colines , buttes , monticu-
les.

(*b*) Reſſemblant.

come le Palais du Cardinal d'Eſte à Ferrare (*a*) cete forme de conſtructure (*b*) eſt pleſante à la veue. L'antrée de cete ville, c'eſt une porte neufve, où il y a deſcrit : Porta Boncompaigno, en lettres d'or ; c'eſt de la ſuite des chemins que ce Pape a redreſſés. C'eſt ici le ſiege du Legat pour le païs de la Marque (*c*). On vous preſante en ces routes la cuiton du cru, quand ils offrent leurs vins : car ils en font cuire & bouillir juſques au dechet de la moitié, pour le randre meilleur. Nous ſantions bien que nous etions au chemin de Lorette, tant les chemins etoint pleins d'alans & venans ; & pluſieurs, non homes particuliers ſulemant, mais

---

(*a*) Le Palais du Luxembourg peut donner une idée de cette architecture en *boſſage.*

(*b*) On dit ſtructure, & conſtruction.

(*c*) La Marche-d'Ancône.

compaignies de personnes riches faisant le voïage à pied , vestus en pelerins , & aucunes avec un'enseigne & puis un crucifix qui marchoit davant , & eus vetus d'une livrée. Après disner , nous suivismes un païs commun , tranchant (*a*) tantost des pleines & aucunes rivieres, & puis aucunes collines aisées , mais le tout très-fertile , & le chemin pour la pluspart pavé de carreau couché de pouinte (*b*). Nous passames la ville de Recanati , qui est une longue ville assise en un haut , & etandue suivant les plis & contours de sa colline ; & nous randismes au soir à

LORETTE , quinze milles. C'est un petit village clos de murailles , & fortifié pour (*c*) l'incursion des Turcs, assis sur un plant un peu relevé,

---

(*a*) Coupant.
(*b*) Ou comme on dit , *posé de champ.*
(*c*) C'est-à-dire , contre.

regardant une très-bele pleine,
& de bien près la mer Adriatique ou
golfe de Venife ; fi qu'ils difent que,
quant (a) il fait beau, ils defcouvrent au delà du golphe les montaignes de l'Efclavonie : c'eft enfin
une très-bele affiete. Il n'y a quafi
autres habitans que ceus du fervice de
cete devotion, come hoftes plufieurs,
(& fi les logis y font affés mal propres), & plufieurs marchans, fça-
voir eft, vandurs (b) de cire, d'images, de paftenoftres, agnus Dei, de
Salvators, & teles danrées, de quoi
ils ont un grand nombre de beles
boutiques & richemant fournies. J'y
leffai près de 50 bons efcus pour ma
part. Les Preftres, jans d'Eglife, &
Colliege de Jefuites, tout cela eft
raffemblé en un grand Palais qui n'eft
pas antien, où loge auffi un Gouver-

(a) Quand.
(b) Vendeurs.

neur, home d'Eglife, à qui on s'a-
dreffe pour toutes chofes, fous l'authorité du Legat & du Pape. Le lieu
de la devotion, c'eft une petite mai-
fonete fort vieille & chetifve, baftie
de brique, plus longue que large (*a*).
A fa tefte, on a faict un moïen, (*b*)
lequel moïen a à chaque cofté, une
porte de fer ; à l'entredus une grille
de fer : tout cela groffier, vieil, &
fans aucun appareil de richeffe. Cete
grille tient la largeur d'une porte
à l'autre ; au travers d'icelle, on voit
jufques au bout de cete logette, &
ce bout, qui eft environ la cin-
quieme partie de la grandur de cete
logette, qu'on renferme, c'eft le lieu
de la principale relligion (*c*). Là

(*a*) On la nomme *la Santa-Cafa*.
(*b*) Nous n'avons pû deviner ce que
Montaigne appelle un *moyen*. Eft-ce un
mur de face, ou une efpece de portail ?
(*c*) Ou dévotion.

se

se voit au haut du mur, l'image Notre Dame, faicte, disent-ils, de bois; tout le reste est si fort paré de *vœux* (a) riches de tant de lieus & princes, qu'il n'y a jusques à terre pas un pousse vuide, & qui ne soit couvert de quelque lame d'or ou d'arjant. J'y peus trouver à toute peine place, & avec beaucoup de faveur, pour y loger un tableau (b) dans lequel il y a quatre figures d'arjant attachées : cele de Notre - Dame, la miéne, cele de ma fame, cele de ma fille. Au pieds de la miéne, il a insculpé (c) sur l'arjant : *Michael Montanus, Gallus Vasco, Eques Regij Ordinis* 1581 (d) ; à cele de ma

---

(a) D'*ex-voto*.

(b) Cadre.

(c) Gravé, ciselé.

(d) » Michel de Montaigne, François » & Gascon, Chevalier de l'Ordre du Roi, » 1581 ».

Tome II.   L

fame , *Francifca Caffaniana uxor* (*a*) ; à cele de ma fille , *Leonora Montana filia unica* (*b*) ; & font toutes de ranc à genous dans ce tableau , & la Notre Dame au haut au devant. Il y a un'autre antrée en cete chapelle que par les deus portes de quoi j'ai parlé , laquelle antrée refpont au dehors. Entrant donc par là en cete chapelle , mon tableau eft logé à mein gauche contre la porte qui eft à ce couin , & je l'y ai laiffé très curieufemant ataché & cloué. J'y avois faict mettre une chenette & un aneau d'arjant , pour par icelui le pandre à quelque clou ; mais ils aimarent mieus l'atacher tout à faict. En ce petit lieu eft la cheminée de cete logette , laquelle vous voiés en re-

---

(*a*) Françoife de la Chaffaigne , fa
» femme ».

(*b*) » Léonor de Montaigne , leur fille
» unique ».

trouſſant certeins vieus panſiles (*a*)
qui la couvrent. Il eſt permis à peu
d'y entrer ; voire par l'eſcriteau de
devant la porte, qui eſt de metal très-
richemant labouré, & encore y a-
t-il une grille de fer audavant cete
porte, la defance y eſt que, ſans le
congé du Gouvernur, nul n'y entre.
Entr'autres choſes, pour la rarité,
on y avoit laiſſé parmi d'autres preſans riches, le cierge qu'un Turc
frechemant y avoit envoïé (*b*), s'é-
tant voué à cette Noſtre - Dame,
eſtant en quelque extreme neceſſité,
& ſe voulant eider de toutes ſortes
de cordes. L'autre part de cete ca-
ſete (*c*), & la plus grande ſert de

(*a*) Rideaux, *penſilia*, *panni penſiles*.

(*b*) Sur ce vœu d'un Turc à la ſainte
Vierge, *Voyez* le *Paradis ouvert* du P. Paul
de Barri, *J. ch. 9*, dévotion 4, *pag.* 231
de la ſeizieme édition. *Lyon*, 1658.

(*c*) Petite maiſon.

chapelle, qui n'a nulle lumiere du jour, & a fon Autel audeffous de la grille contre ce moïen duquel j'ai parlé. En cete chapelle, il n'y a nul ornemant, ni banc, ny accoudoir, ny peinture ou tapifferie au mur : car de foi mefmes il fert de reliquere. On n'y peut porter nulle efpée, ny armes, & n'y a nul ordre ny refpect de grandur. Nous fifmes en cete chapelle-là nos Pafques, ce qui ne fe permet pas à tous (*a*) ; car il y a lieu deftiné pour cet effaict, à caufe de la grand'preffe d'homes qui ordine-

---

(*a*) Voilà des actes de piété qui ne laiffent fubfifter aucun doute fur la religion de Montaigne ; ainfi les incrédules & les efprits-forts, qui l'ont fouvent revendiqué, doivent le rayer de leur catalogue. *Voyez* les Jugemens de quelques Savans fur Montaigne, *tom.* 1. *de fes Effais*, de la magnifique édition *in-*4. *Paris,* 1725, dite l'*Edition des Dames.*

remant y communient. Il y a tant de ceus qui vont à toutes heures en cete chapelle, qu'il faut de bon'heure mettre ordre qu'on y face place. Un Jésuite Allemand m'y dît la messe, & dona à communier. Il est défendu au peuple de rien esgratigner de ce mur; & s'il etoit permis d'en amporter, il n'y en auroit pas pour trois jours. Ce lieu est plein d'infinis miracles, de quoi je me raporte aus Livres; mais il y en a plusieurs & fort recens de ce qui est mésavenu à ceus qui par devotion avoint amporté quelque chose de ce batimant, voire par la permission du Pape; & un petit lopin de brique qui en avoit été osté lors du concile de Trante, y a été raporté. Cete casete est recouverte & appuiée par le dehors en carré, du plus riche bastimant, le plus labouré (a) & du plus beau ma-

____

(a) Travaillé.

bre qui se peut voir ; & se voit peu
de pieces plus rares & excellantes.
Tout autour & audessus de ce carré,
est une belle grande Eglise, force
beles chapelles tout au tour, tum-
beaus, & entr'autres celui du Cardinal d'Amboise, que M. le Cardinal
d'Armaignac y a mis. Ce petit carré
est come le Cœur (*a*) des autres
Eglises ; toutefois il y a un cœur,
mais c'est dans une encouignure.
Toute cete grande Eglise est couverte (*b*) de tableaus, peintures, & his-
toires. Nous y vismes plusieurs riches
ornemans, & m'étonai qu'il ne s'y
en voïoit encore plus, veu le nom
fameus si antienemant de cete Eglise.
Je croi qu'ils refondent les choses
antienes, & s'en servent à autres usa-
ges. Ils estiment les aumones en ar-

(*a*) Chœur.

(*b*) Tapissée, remplie.

jant monoïé à dix mille escus (*a*). Il
y a là plus d'apparance de relligion
qu'en nul autre lieu que j'aïe veu. Ce
qui s'y perd , je dis de l'arjant ou
autre chose , digne , non d'être relevée sulemant, mais desrobée, pour
les jans de ce metier , celui qui le
treuve, le met en certein lieu publique (*b*) & destiné à cela; & reprant
là , quiconque le veut reprandre,
sans connoissance de cause (*c*). Il y
avoit, quand j'y etois, plusieurs teles
choses , patenostres , mouchoirs,
bourses sans aveu, qui etoint au premier occupant. Ce que vous ache-
tés pour le service de l'Eglise & pour
y laisser, nul artisan ne veut rien de
sa façon, pour, disent-ils, avoir part
à la grâce : vous ne païés que l'arjant
ou le bois, d'aumone & de liberalité

(*a*) Par an.
(*b*) Public.
(*c*) Sans s'informer qui l'y a mis.

bien, mais en verité ils le refufent.
Les jans d'Eglife, les plus officieus
qu'il eft poffible à toutes chofes, pour
la confeffe, pour la communion, &
pour nulle autre chofe, ils ne prenent rien. Il eft ordinere de doner à
qui vous voudrés d'entre eus de l'arjant, pour le diftribuer aus pauvres
en voftre nom, quand vous ferés
parti. Come j'étois en ce facrere (*a*),
voilà arriver un home qui offre au
premier Preftre rancontré, une coupe
d'arjant en difant en avoir faict veu;
& parceque il l'avoit faict de la def-
panfe (*b*) de doufe efcus, à quoi le
calice ne revenoit pas, il paya foudein le furplus audict Preftre, qui
pleidoit du païemant & de la monnoïe (*c*), comme de chofe due très-

---

(*a*) Dans ce lieu faint, (de *Sacrarium*).

(*b*) C'eft-à-dire, du prix.

(*c*) Peut-être de mauvais aloi ou dé-

exactemant, pour eider à la parfaicte
& confciantieufe execution de fa
promeffe; cela faict, il fit entrer cet
home en ce facrere, offrir lui-mefme
ce calice à Noftre-Dame, & y faire
une courte orefon, & l'arjant le jeta
au tronc commun. Ces examples, ils
les voient tous les jours, & y font
affés nonchalans. A-peine eft reçu à
doner qui veut, au moins c'eft faveur d'être accepté. J'y arretai Lundi, Mardi & Mercredi matin; après
la meffe, j'en (a) partimes. Mais,
pour dire un mot de l'experience de
ce lieu, où je me plus fort, il y avoit
en mefme tamps là Michel Marteau (b), feigneur de la Chapelle,

---

criée, que le Pelerin fouroit dans l'à-
point.

(a) Nous en.

(b) Ce nom de *Marteau* ne fe trouve
point dans une Nomenclature alphabéti-
que des Nobles de Paris & provinces voi-
fines, d'environ 15000 noms, Manufcrit.

Parifien, june home très riche, aveq
grand trein. Je me fis fort particulieremant & curieufemant reciter &
à (*a*) lui & à aucuns de fa fuite, l'eve-
nemant de la guerifon d'une jam-
be qu'il difoit avoir eüe de ce lieu;
il n'eft poffible de mieus ny plus
exactemant former l'effaict d'un miracle (*b*). Tous les Chirurgiens de
Paris & d'Italie s'y étoint faillis. Il y

---

de la fin du feizieme fiécle. Ce jeune homme miraculé, étoit peut-être fils de quelque *Homme nouveau*, riche maltotier de ce
tems là : car Paris en foifonnoit déja, fuivant *Montand* & *la Chaffe aux-larrons*.
L'Abbé *Lebeuf* n'en fait non plus aucune
mention dans la notice des quatre villages du nom de *la Chapelle*, que comprend
fon *Hiftoire de la ville & du diocèfe de Pa-*
ris.

(*a*) C'eft-à-dire, par lui & par aucuns...
(*b*) Voilà Montaigne qui croit aux miracles ; il n'avoit pas encore cinquante ans,
& il avoit fait fes *Effais.*

avoit defpandu (*a*) plus de trois mille efcus : fon genou enflé, inutile, & très-dolureus, il y avoit plus de trois ans, plus mal, plus rouge, enflammé, & enflé, jufques à lui doner la fievre ; en ce mefme inftant, tous autres médicamans & fecours abandonés, il y avoit plufieurs jours ; dormant, tout à coup, il fonge qu'il eft gueri, & lui famble voir un efcler ; il s'eveille, crie qu'il eft gueri, apele fes jans, fe leve, fe promene, ce qu'il n'avoit faict onques depuis fon mal ; fon genou défenfle, la peau fletrie tout autour du genou & come morte, lui toufiours defpuis en amandant, fans null'autre forte d'eide. Et lors il étoit en cet etat d'entiere guerifon, etant revenu à Lorette ; car c'étoit d'un autre voïage d'un mois ou deus auparavant qu'il étoit gueri & avoit eté cependant à

(*a*) Dépenfes.

L vj

Rome aveq nous (*a*). De sa bouche
& de tous les siens, il ne s'en peut
tirer pour certein que cela. Le miracle du transport de cete maiso-
nete, qu'ils tienent être celle là propre où en Nasaret nasquit Jesus-
Christ, & son remuemant premieremant en Esclavonie, & depuis près
d'ici, & enfin ici, est attaché (*b*) à
de grosses tables de mabre en l'E-
glise le long des piliers, en langage
Italien, Esclavon, François, Alemant, Espaignol. Il y a au Cœur (*c*),
un'anseigne (*d*) de nos Rois pandue,
& non les armes d'autre Roy. Ils
disent qu'ils y voient souvant les
Esclavons à grans tropes venir à
cete devotion, aveq des cris, d'aussi

(*a*) C'est-à-dire, pendant que nous y
étions.

(*b*) Inscrit, gravé.

(*c*) Chœur.

(*d*) L'écusson de France.

loin qu'ils defcouvrent l'Eglife de la
mer en hors, & puis fur les lieus tant
de proteftations & promeffes à Noftre-Dame, pour retourner à eus (*a*);
tant (*b*) de regrets de lui avoir doné
occafion de les abandoner, que c'eft
merveille. Je m'informai que de Lorette, il fe peut aler le long de la
marine, en huit petites journées, à
Naples, voiage que je defire de faire.
Il faut paffer à Pefcare (*c*) & à la
cita de Chiete, où il y a un Procac-
cio (*d*) qui part tous les Dimanches
pour Naples. Je offris à plufieurs
Preftres de l'arjant; la plufpart s'ob-
ftina à le refufer, & ceus qui en
acceptarent, ce fut à toutes les difficultés du monde. Ils tienent là &

(*a*) Se convertir, ou de coquins, deve-
venir honnêtes gens.
(*b*) *Suppléez :* ils ont, ils témoignent...
(*c*) *Pefcaro,* Pefcaire.
(*d*) Un Voiturier.

gardent leur grein dans des caves ; sous la rue. Ce fut le 25 d'Avril que j'offris mon veu. A venir de Rome à Lorette, auquel chemin nous fumes quatre jours & demi, il me couta six écus de monnoïe, qui sont 50 sols piece, pour cheval, & celui qui nous louoit les chevaus les nourrissoit & nous. Ce marché est incommode, d'autant qu'ils hastent vos journées, à cause de la despanse qu'ils font, & puis vous font treter (*a*) le plus escharsemant (*b*) qu'ils peuvent. Le 26, j'allai voir le Port à trois milles delà, qui est beau, & y a un fort qui despant de la communauté di Ricanate (*c*). Don Luca-Giovanni Beneficiale (*d*), & Giovanni-Gregorio da Cailli, Custode de la

----

(*a*) Aux repas.
(*b*) Mesquinement.
(*c*) *Recanati.*
(*d*) Bénéficier.

Secreſtia (*a*), me donnarent leurs noms, affin que, ſi j'avois affaire d'eus ou pour moi ou pour autrui, je leur eſcriviſſe : ceus-là me firent force courtoiſies. Le premier comande à cete petite chapelle, & ne vouſit (*b*) rien prandre de moi. Je leur ſuis obligé des effaicts & courtoiſies qu'ils m'ont faictes de parole. Ledict Mercredi après diſner, je ſuivis un païs fertile, deſcouvert, & d'une forme meſlée (*c*), & me randis à ſouper à

ANCONA, quinze milles. C'eſt la maitreſſe ville de la Marque (*d*) : la Marque etoit aus latins Picœnum (*e*). Elle eſt fort peuplée & notammant de Grecs, Turcs, & Eſcla-

---

(*a*) Gardien de la Sacriſtie.
(*b*) Ne voulut.
(*c*) Varié de Sites.
(*d*) De la Marche-d'Ancône.
(*e*) Le Picentin.

vons, fort marchande, bien baſtie,
coſtoiée de deus grandes butes qui ſe
jetent dans la mer, en l'une deſqueles eſt un grand fort par où nous
arrivaſmes. En l'autre qui eſt ſort
voiſin, il y a un'Egliſe entre ces deus
butes, & ſur les pandans d'icelles,
tant d'une part que d'autre, eſt plantée cete ville : mais le principal eſt
aſſis au fons du vallon & le long de
la mer, où eſt un très-beau port, où
il ſe voit encores un grand arc à
l'honur de l'Amperur Trajan, de
ſa feme, & de ſa ſeur (*a*). Ils diſent
que ſouvant en huit, dix, ou douſe
heures, on trajecte (*b*) en Eſclavo-
nie. Je croi que pour ſix eſcus ou
un peu plus, j'euſſe treuvé une barque qui m'eût mené à Veniſe. Je do-

---

(*a*) *Voyez-en* la deſcription dans M. de
Lalande, *tom.* 7, *pag.* 386, & dans M.
l'Abbé R. *tom.* 6, *pag.* 485 *& ſuivantes.*
(*b*) On paſſe.

nai 33 piſtolets (*a*) pour le louage de huit chevaus juſques à Lucques, qui ſont environ huit journées. Doit le vetturin nourrir les chevaus, & au cas que j'y ſois quatre ou cinq jours plus que de huit, j'ai les chevaus, ſans autre choſe que de paier les deſpans des chevaus & garçons. Cete contrée eſt pleine de chiens couchans excellans, & pour ſix eſcus il s'y en trouveroit à vandre. Il ne fut jamais tant mangé de cailles, mais bien maigres. J'arreſtai le 27 juſques après diſner, pour voir la beauté & aſſiete de cete ville : à St. Creaco (*b*), qui eſt l'Egliſe de l'une des deus butes, il y a plus de reliques de nom, qu'en Egliſe du monde, leſqueles nous furent montrées. Nous ave-

---

(*a*) Ou demi-piſtoles.

(*b*) C'eſt apparemment une corruption de *San Ciriaco*, ſaint Cyriaque, cathédrale d'Ancône.

rafmes (*a*) que les cailles paffent deça
de la Sclavonie à grand foifon , &
que toutes les nuits on tand des rets
au bord de deça & les apele-t-on à
tout (*b*) cete leur voix contrefaicte ,
& les rapele-t-on du haut de l'air où
elles font fur leur paffage ; & difent
que fur le mois de Septambre elles
repaffent la mer en Sclavonie. J'ouis
la nuit un coup de canon de la Bruf-
fe (*c*) , au roiaume & audelà de Naples. Il y a de lieuë en lieuë une tour ;
la premiere qui defcouvre une fuf-
te (*d*) de Corfere , faict fignal à-
tout (*e*) du feu à la feconde vedette,
d'une tele viteffe qu'ils ont trouvé
qu'en une heure du bout de l'Italie

––––––––––––––––––––

(*a*) Reconnûmes , ou apprîmes avec
certitude.

(*b*) Avec.

(*c*) L'Abruzze.

(*d*) Un navire o u bâtiment de Corfaire.

(*e*) Avec.

l'avertiſſemant court juſques à Veniſe. Ancone s'apeloit einſin (*a*) antienemant du mot grec (*b*), pour
l'encouignure que la mer faict en ce
lieu; car ſes deus cornes s'avancent
& font un pli enfoncé, où eſt la
ville couverte par le davant de ces
deus teſtes & de la mer, & encore
par derriere d'une haute bute, où
autrefois il y avoit un fort. Il y a encores une Egliſe Grecque, & ſur la
porte, en une vieille pierre, quelques lettres que je penſe Sclavones.
Les fames ſont ici communemant
beles, & pluſieurs homes honêtes &
bons artiſans. Après diſner, nous
ſuiviſmes la rive de la mer qui eſt
plus douce & aiſée que la nôtre de
l'Ocean, & cultivée juſques tout
jouignant de l'eau, & vinmes coucher à

(*a*) Ainſi.
(*b*) Ἀγκὼν, Coude.

SENIGAGLIA (*a*), vint milles. Bele petite ville , assise en une
très-bele pleine tout jouignant la
mer , & y faict un beau port ; car
une riviere descendant des mons la
lave d'un costé. Ils en font un canal
garni & revestu de gros pans (*b*)
d'une part & d'autre, là ou les bateaus se metent à l'abri & en est l'entrée close. Je n'y vis nulle antiquité ;
aussi logeames-nous hors la ville , en
une belle hostelerie qui est la seule
de ce lieu. On l'apeloit antienemant
Senogallia , de nos ancetres qui s'y
plantarent , quand Camillus les eut
batus ; elle est de la juridiction du
Duc d'Urbin. Je ne me trouvois
guiere bien. Le jour que je partis de
Rome, M. d'Ossat (*c*) se promenant

(*a*) Sinigaglia.

(*b*) De murs.

(*c*) C'est l'habile Négociateur , qui fut
depuis Cardinal. Son extraction étoit de-

aveq moi , je vouſis (*a*) ſaluer un autre jantilhome : ce fut d'une tele indiſcretion (*b*) , que de mon pouſſe droit j'allai bleſſer le couin de mon euil droit , ſi que le ſang en ſortit ſoudein , & y ai eu longtamps une rougeur extreme ; lors elle ſe gueriſſoit , *Erat tunc dolor ad unguem ſiniſtrum* (*c*). J'obliois à dire , qu'à Ancone , en l'Egliſe de St. Creaco (*d*), il y a une tumbe baſſe d'une Antonia Rocamoro , patre , matre , Valletta , Galla , Aquitana , Paciocco Urbinati , Luſitano nupta (*e*) , qui eſt

---

meurée inconnue juſqu'au tems de Malherbe , *quelque diligence qu'on eut apportée à la chercher* , dit-il dans ſes Lettres.

(*a*) Voulſis : voulus.

(*b*) C'eſt-à-dire , étourderie ou vivacité.

(*c*) ›› La douleur avoit paſſé à l'œil ›› gauche ››.

(*d*) De ſaint Cyriaque.

(*e*) ›› D'une Antoinette, *Roccamoro* du

enterrée depuis dix ou douze ans. Nous en partifmes bon matin, & fuivifmes la marine par un très-plefant chemin jouignant noftre difnée; nous paffames la riviere Metro (*a*), Metaurus, fur un grand pont de bois, & difnames à

FANO, quinze milles. Petite ville en une bele & très-fertile pleine, jouignant la mer, affés mal baftie, bien clofe. Nous y fumes très bien tretés de pein, de vin & de poiffon; le logis n'y vaut guiere. Ell'a cela fur les autres villes de cete cofte,

---

» côté de fon pere, *Valette* du côté de fa » mere, Françoife & Gafconne : mariée à » *Paciocco* d'Urbin, originaire Portugais». La famille *Vallere-de Parifot*, (appellée mal-à-propos *de la·Vallette*,) qui eft Languedocienne & Gafconne, a donné à l'Ordre de Malte, en 1557, un Grand-Maître, qui regna environ onze ans.

(*a*) Le Metauro.

come Senigaglia , Pesaro , & autres ,
qu'elle a abondance d'eaus douces ,
plusieurs fontenes publiques & puis
particulieres , là où les autres ont à
chercher leur eau jusques à la montaigne. Nous y vismes un grand arc
antien (*a*), où il y a un'inscription
sous le nom d'Auguste , *qui muros
dederat* (*b*). Elle s'apelloit Fanum ,
& étoit Fanum Fortunæ (*c*). Quasi
en toute l'Italie , on tamise (la fa-
rine) à tout (*d*) des roues , où un
Boulanger fait plus de besouigne en
un'heure que nous en quatre. Il se
treuve quasi à toutes les hosteleries ,
des rimeurs , qui font sur le champ
des rimes accommodées aus assis-

(*a*) C'est l'arc de Triomphe de Constantin , dont on ne voit plus que les ruines.

(*b*) ,,Qui l'avoit fait entourer de murs,,.

(*c*) C'étoit *le Temple de la Fortune.*

(*d*) Avec.

tans (*a*). Les inſtrumans ſont en toutes les boutiques juſques aus ravaudurs (*b*) des carrefours des rues. Cete ville eſt fameuſe ſur toutes celes d'Italie : de belles fames nous n'en viſmes nulle, que très-ledes ; & à moi qui m'en enquis à un honête-home de la ville, il me dit que le ſiecle en eſtoit paſſé. On païe en cete route environ dix ſous pour table, vint ſous par jour pour home, le cheval pour le louage & deſpans environ 30 ſ. ſont 50 ſ. Cete ville eſt de l'Egliſe (*c*). Nous laiſſames ſur cete meſme voïe de la Marine, à voir un peu plus outre, Peſaro, qui eſt une bele ville & digne d'être veuë, & puis Rimini, & puis cet'antiene Ravenne ; & notammant à Peſaro, un beau baſtimant & d'étrange aſſiete que faict faire le

------

(*a*) On les nomme *Improviſateurs.*
(*b*) Ravaudeurs ou Revaudeurs.
(*c*) Appartient à l'État Eccléſiſtiaque.

Duc

Duc d'Urbin, à ce qu'on m'a dict: c'eſt le chemin de Veniſe contre bas. Nous laiſſames la Marine & primes à mein gauche, ſuivant une large pleine au travers de laquele paſſe Metaurus (*a*). On deſcouvre partout d'une part & d'autre des très beaus couteaus (*b*), & ne retire pas mal le viſage de cete contrée (*c*) à la pleine de Blaignac à Caſtillon (*d*). En cete pleine de l'autre part de cete riviere, fut donée la bataille de (*e*) Salinator & Claudius-Nero (*f*), contre Aſdrubal, où il fut tué (*g*). A l'antrée

***

(*a*) Le Metauro.

(*b*) Côteaux.

(*c*) C'eſt à-dire, & cette contrée ne reſſemble pas mal à...

(*d*) Dans le Périgord, non loin de la Dordonne.

(*e*) *Livius.*

(*f*) Tous deux Conſuls.

(*g*) Aſdrubal.

Tome II. M

des montaignes qui ſe rancontrent au bout de cete pleine, tout ſur l'anrrée, ſe treuve

FOSSOMBRUNE quinze milles, appartenant au Duc d'Urbin : ville aſſiſe contre la pante d'une montaigne, aïant ſur le bas une ou deus beles rues fort droites, égales & bien logées (a); toutefois ils diſent que ceus de Fano ſont beaucoup plus riches qu'eus. Là il y a ſur la place un gros piédeſtal de mabre, aveq une fort grande inſcription, qui eſt du tamps de Trajan, à l'honur d'un particulier habitant de ce lieu, & un'autre contre le mur qui ne porte nulle enſeigne du tamps. C'etoit antienemant Forum Semproniſ ; mais ils tienent que leur premiere ville étoit plus avant vers la pleine, & que les ruines y ſont encores en bien plus

____

(a) Situées.

bele assiete. Cete vile a un pont de pierre pour passer le Metaurus, *per viam Flaminiam* (*a*). Parceque j'y arrivai de bon'heure, (car les milles sont petites & nos journées n'étoint que de sept ou huit hures à chevaucher), je parlai à plusieurs honetes jans qui me contarent ce qu'ils savoint de leur ville & environs. Nous vismes là un jardin du Cardinal d'Urbin, & force pieds de vigne entés d'autre vigne. J'entretins un bon home faisur (*b*) de Livres, nomé Vincentius Castellani, qui est de là. J'en partis landemein matin, & après trois milles de chemin, je me jetai à gauche & passai sur un pont la Cardiana, le fluve (*c*) qui se mesle

____

(*a*) Par la voie Flaminienne.

(*b*) Faisseur. Est-ce comme Auteur, ou Imprimeur?

(*c*) Le fleuve ou la riviere qui se jette dans le Metauro.

à Metaurus, & fis trois milles le long de aucunes montaignes & rochiers sauvages, par un chemin etroit & un peu mal aisé, au bout duquel nous vismes un passage de bien 50 pas de long, qui a été pratiqué au travers de l'un de ces haus rochiers; & parceque c'est une grande besouigne, Auguste qui y mit la mein le premier, il y avoit un'inscription en son nom, que le tamps a effacée, & s'en voit encores un'autre à l'autre bout, à l'honur de Vespasien. Autour de là il se voit tout plein de grans ouvrages des bastimans du fons de l'eau, qui est d'une extreme hautur, au-dessous du chemin, des rochiers coupés & aplanis d'une espessur infinie, & le long de tout ce chemin, qui est via Flaminia, par où on va à Rome, des traces de leur gros pavé qui est enterré pour la pluspart, & leur chemin qui avoit 40 pieds de large n'en a plus que quatre. Je m'étois détourné pour voir cela & repaſſai ſur mes pas , pour reprandre mon chemin que je ſuivis par le bas d'aucunes montaignes acceſſibles & fertiles. Sur la fin de notre trete , nous comançames à monter & à deſcendre , & vinmes à

URBIN , ſeize milles. Ville de peu d'excellence , ſur le haut d'une montaigne de moïene hautur , mais ſe couchant de toutes parts ſelon les pantes du lieu , de façon qu'elle n'a rien d'eſgal , & partout il y a à monter & deſcendre. Le marché y eſtoit , car c'étoit Sammedi. Nous y viſmes le Palais qui eſt fort fameus pour ſa beauté : c'eſt une grand'maſſe, car elle prant juſques au pied du mont. La veue s'étand à mille autres montaignes voiſines , & n'a pas beaucoup de grace. Come tout ce baſtimant n'a rien de fort agreable ny dedans ny autour , n'aïant qu'un petit jardinet de 25 pas ou environ. Ils di-.

sent qu'il y a autant de chambres que de jours dans l'an ; de vrai , il y en a fort grand nombre , & à la mode de Tivoli & autres Palais d'Italie. Vous voiés au travers d'une porte , souvant 20 autres portes qui se suivent d'un sans (*a*) , & autant par l'autre sans , ou plus. Il y avoit quelque chose d'antien , mais le principal fut basti en 1476 , par Frederic Maria de la Rovere , qui ha leans (*b*) plusieurs titres & grandurs de ses charges & exploits de guerre ; de quoi ses murailles sont fort chargées , & d'une inscription qui dict que c'est la plus bele maison du monde. Ell'est de brique , toute faicte à voutes, sans aucun planchier , come la pluspart des bastimans d'Italie. Cetui ci (*c*)

____

(*a*) Sens.

(*b*) Qui a ici.

(*c*) Le Prince régnant.

eſt ſon arriere neveu (*a*) ; c'eſt une race de bons Princes & qui ſont éimés de leurs ſujets (*b*). Ils ſont de pere en fis tous jans de lettres , & ont en ce Palais une bele Librairie; la clef ne ſe treuva pas. Ils ont l'inclination Eſpaignole. Les armes du Roy d'Eſpaigne ſe voient en ranc de faveur , de l'ordre d'Engleterre & de la Toiſon , & rien du nôtre. Ils produiſent eus meſmes , en peinture, le premier Duc d'Urbin , june home qui fut tué par ſes ſujets pour ſon injuſtice : il n'etoit pas de cete race. Cetui-ci a épouſé la ſur (*c*) de M. de Ferrare , plus vieille que lui de dix ans. Ils ſont mal enſamble & ſéparés , rien que pour la jalouſie d'elle,

---

(*a*) De Frédéric-Marie de la Rovère.

(*b*) Il y a quelques exceptions à faire pour les deux Papes qu'elle a donnés , pour Sixte IV & Jules II ſon neveu.

(*c*) Sœur.

à ce qu'ils difent. Einfin (*a*), outre l'eage d'elle qui eft de 45 ans, ils ont peu d'efperance d'enfans, qui rejetera, difent-ils, cete duché à l'Eglife, & en font en peine. Je vis là l'effigie au naturel de Picus Mirandula (*b*). Un vifage blanc, très-beau, fans barbe, de la façon de 17 ou 18 ans, le nés longuet, les yeus dous, le vifage maigrelet, le poil (*c*) blon, qui lui bat jufques fur les efpaules, & un eftrange accoutremant. Ils ont en beaucoup de lieus d'Italie cete façon de faire des vis (*d*), voire fort droites & etroites, qu'à cheval vous pouvés monter à la fime ; cela eft auffi ici avec du carreau mis de pouinte (*e*). C'eft un lieu, difent-

---

(*a*) Ainfi.
(*b*) Du fameux Pic de la Mirandole.
(*c*) Les cheveux.
(*d*) Des efcaliers.
(*e*) De champ.

ils, froit, & le Duc faict ordinere (a)
d'y estre sulemant l'esté; pour prouvoir à cela (b), en deus de leurs
chambres, il s'y voit d'autres chambres carrées en un couin, fermées,
de toutes pars, sauf quelque vitre
qui reçoit le jour de la chambre; au
dedans de ces retranchemans est le
lit du maistre. Après disner je me
destourné encores de cinq milles,
pour voir un lieu que le peuple de
tout tamps apele Sepulchro d'Asdru-
bale (c), sur une colline fort haute
& droite qu'ils noment Monte deci.
Il y a là quatre ou cinq mechantes

(a) Est dans l'usage.

(b) Pour pourvoir au froid.

(c) Le tombeau d'Asdrubal. Ce général
Carthaginois, frere d'Annibal, eut son
armée taillée en pieces sur les bords du Mé-
tauro, par le Consul *Livius* & par son
collegue *Claudius Nero*, qui s'étoient
joints; il fut tué dans le combat.

M v

maifonetes & une Eglifete (*a*), &
fe voit auffi un baftimant de groffe
brique ou carreau, rond de 25 pas
environ, & haut de 25 pieds. Tout
au tour il y a des accoudoirs de
mefme brique de trois en trois pas.
Je ne fçai comant les maffons apelent ces pieces, qu'ils font pour foutenir come des becs (*b*). On monta
audeffus, car il n'y a null'entrée par
le bas. On y trouva une voute, rien
dedans, nulle pierre de taille, rien
d'efcrit; les habitans difent qu'il y
avoit un mabre, où il y avoit quelques marques, mais que de notre
eage il a été pris (*c*). D'où ce nom
(*d*) lui aïe été mis, je ne fçai, & je
ne croi guiere que ce foit vraïmant
ce qu'ils difent. Bien eft-il certein

(*a*) Petite Eglife, Chapelle.
(*b*) Eperons, arcs-boutans.
(*c*) Enlevé.
(*d*) De tombeau d'Afdrubal.

qu'il (*a*) fut defaict, & tué assés près de là. Nous suivismes après un chemin fort montueus, & qui devint fangeus pour une sule heure qu'il avoit pleu, & repassames Metaurus à gué, come ce n'est qu'un torrant qui ne porte pouint de bateau, lequel nous avions passé un' autrefois depuis la disnée, & nous randismes sur la fin de la journée par un chemin bas & aisé à

CASTEL DURANTE, quinze milles. Villete assise en la pleine, le long de Metaurus, apartenant au Duc d'Urbin. Le peuple y faisoit fus (*b*) de joïe & feste de la naissance d'un fils masle, à la Princesse de Besigna, sur (*c*) de leur Duc. Nos vetturins défelent leurs chevaus à mesure qu'ils les débrident, en quel-

----

(*a*) Asdrubal.

(*b* Feux.

(*c*) Sœur.

qu'etat qu'ils foint , & les font boire
fans aucune diftinction. Nous be-
vions ici des vins fophiftiqués , & à
Urbin , pour les adoucir.... (*a*). Le
Dimanche matin nous vinmes le long
d'une pleine affés fertile & les couteaus d'autour , & paffames premieremant une petite bele vile , S. An-
gelo , apartenant audit Duc , le long
de Metaurus , aïant des avenues fort
beles. Nous y trouvafmes en la ville
des petites reines (*b*) du micareme ,
parceque c'étoit la veille du premier
jour de Mai. De-là , fuivant cete pleine , nous traverfames encores une
autre villete de mefme jurifdiction ,
nomée Marcatello , & par un chemin qui comançoit deja à fantir la
montaigne de l'Apennin , vinmes diner à

BORGO-A-PASCI , dix milles.

(*a*) Il manque ici quelque chofe.
(*b*) Des Grenouilles de la mi-Carême.

Petit village & chetif logis pour une
soupée, sur l'encouignure des mons.
Après disner nous suivismes premieremant une petite route sauvage &
pierreuse, & puis vinmes à monter
un haut mont de deus milles de
montée, & quatre milles de pante;
le chemin escailleus & ennuïeus:
mais non effroïable ny dangereus,
les præcipices n'estant pas coupés si
droit que la veue n'aïe ou se soute-
nir. Nous suivismes le Metaurus jusques à son gite (a), qui est en ce mont;
einsi nous avons veu sa naissance &
sa fin, l'aïant veu tumber en la mer
à Senogallia (b). A la descente de ce
mont, il se presantoit à nous une
très belle & grande pleine, dans laquele court le Tibre qui n'est qu'à
8 milles ou environ de sa naissance,
& d'autres monts audelà: prospet

(a) A sa source.
(b) A Senigaglia.

reprefentant affés celui qui s'offre en la Limaigne d'Auvergne , à ceus qui defcendent le Pui de Domme à Clermont. Sur le haut de noftre mont fe finit la Jurifdiction du Duc d'Urbin , & comance cele du Duc de Florance & cele du Pape à mein gauche. Nous vinmes fouper à

BORGO S. SEPOLCHRO , treize milles. Petite ville en cete pleine , n'aiant nulle fingularité , au-dict Duc de Florance ; nous en partimes le premier jour de May. A un mille de cete ville , paffames fur un pont de pierre la riviere du Tibre , qui a encores là fes eaus cleres & belles , qui eft figne que cete co-lur (*a*) fale & rouffe , Flavum Tibe-rim (*b*) , qu'on lui voit à Rome , fe prant du meflange de quelqu'autre riviere. Nous traverfames cete pleine

---

(*a*) Couleur.
(*b*) Horat. *Od.* 2 , 4 1.

de quatre milles , & à la premiere
colline trouvames une villete à la
teste. Plufieurs filles & là & ailleurs
fur le chemin , fe metoint au devant
de nous , & nous fefiſſoint les brides
des chevaus , & là en chantant certeine chanſon pour cet effaict, de-
mandoint quelque liberalité pour la
feſte du jour. De cete colline, nous
nous ravalames en une fondriere fort
pierreuſe , qui nous dura longtamps
le long du canal d'un torrant , &
puis euſmes à monter une montaigne
ſterile & fort pierreuſe , de trois milles à monter & deſcendre , d'où nous
deſcouvrimes une autre grande pleine , dans laquele nous paſſames la
riviere de *Chiaſſo* , ſur un pont de
pierre , & après la riviere d'Arno ,
ſur un fort grand & beau pont de
pierre , au deça duquel nous logeames à

PONTE BORIANO , petite
maiſonete , dix-huit milles. Mauves

logis , come font les trois præce-
dans , & la plufpart de cete route.
Ce feroit grand folie de mener par
ici des bons chevaus , car il n'y a
pouint de fouin. Après difner , nous
fuivifmes une longue pleine toute
fendue de horribles crevaffes que les
eaus y font d'une eftrange façon , &
croi qu'il y faict bien led (*a*) en hiver; mais auffi eft-on après à rabiller
le chemin. Nous laiffames fur noftre mein gauche , bien près de la difnée , la ville d'Arezzo , dans cete
mefme pleine, à deus milles de nous
ou environ. Il famble toutefois que
fon affiete foit un peu relevée. Nous
paffames fur un beau pont de pierre
& de grande hautur (*b*) la riviere de
Ambra (*c*), & nous randifmes à fouper à

(*a*) Laid.
(*b*) Hauteur.
(*c*) Petite riviere célébrée par Politien,

LAVENELLE, dix milles. L'hoſ-
tellerie eſt audeça dudict village d'un
mille ou environ, & eſt fameuſe;
(auſſi) la tient-on la meilleure de
Thoſcane & a-t-on raiſon; car à la
raiſon des hoſteleries d'Italie, elle eſt
des meilleures. On en faict ſi grand
feſte, qu'on dict que la nobleſſe du
païs s'y aſſamble ſouvant, come chés
le More, à Paris; ou Guillot, à
Amians. Ils y ſervent des aſſietes d'eſtein, qui eſt une grande rarité (*a*).
C'eſt une maiſon ſule (*b*), en très
bele aſſiete, d'une pleine qui a la
ſource d'une fonteine à ſon ſervice.
Nous en partiſmes au matin, & ſuiviſmes un très beau chemin & droit

---

dans ſon beau Poëme ſur Homère, qui a
pour titre, *Ambra*.

(*a*) Ainſi l'étain, chez les particuliers
& dans l'uſage ordinaire, étoit luxe en
1581 : *Que les tems ſont changés !*

(*b*) Seule.

en cete pleine , & y paſſames au travers quatre villetes ou bourgs fermés , Mantenarca , S. Giovanni , Fligline & Anchiſa· (*a*) & vinmes diſner à

PIANDELLAFONTE, douze milles. Aſſés mauvés logis , où eſt auſſi une fonteine un peu au deſſus ledict bourg d'Anchiſa , aſſis au val d'Arno, de quoi parle Petrarca (*b*) , lequel on tient nai (*c*) dudict lieu Anchiſa (*d*) , au moins d'une mai-

---

(*a*) Anciſa.

(*b*) Pétrarque.

(*c*) Né.

(*d*) Les pere & mere de Pétrarque avoient du bien à Anciſa, dans la vallée d'Arno, & ils y demeurerent environ ſix ans, pendant leur exil de Florence, mais François Pétrarque étoit né à Arezzo, ſuivant *Beccatelli*, Auteur d'une vie de ce Poëte, miſe à la tête de ſes Œuvres, dans la belle édition de *Veniſe* de 1756.

ſon voiſine d'un mille , de laquelle
on ne treuve plus les ruines que
bien chetifves ; toutefois ils en re-
merquent la place. On ſemoit là lors
des melons parmi les autres qui y
etoint deja ſemés , & les eſperoit-
on recueillir en Aouſt. Cete matinée
j'eus une peſantur de teſte & trouble de veue come de mes antienes
migrenes , que je n'avois ſanti il y
avoit dix ans. Cete valée où nous
paſſames , a eté autrefois toute en
marès (*a*) , & tient Livius (*b*) , que
Annibal fut contreint de les paſſer
ſur un Elefant , & pour la mauveſe
feſon y perdit un euil (*c*). C'eſt de
vrai un lieu fort plat & bas , & fort
ſujet au cours de l'Arne. Là je ne
vouſis (*d*) pas diſner , & m'en re-

(*a*) Marais.
(*b*) Tite-Live, *Hiſt. l.* 22, *c.* 2.
(*c*) Œil.
(*d*) Voulus.

pantis ; car cela m'eût eidé à vomir ;
qui eſt ma plus prompte gueriſon :
autremant je porte cete poiſantur de
reſte un jour & deus , come ił m'a-
vint. Alors, nous trouvions ce chemin plein du peuple du païs , portant diverſes ſortes de vivres à Florance. Nous arrivaſmes à

FLORANCE , douze milles,
par l'un des quatre pons de pierre qui
y ſont ſur l'Arne. Landemein, après
avoir ouï la meſſe , nous en partiſmes, & biaiſant un peu le droit chemin, allames pour voir Caſtello, de
quoi j'ai parlé ailleurs ; mais parceque les filles du Duc y etoint , & ſur
cete meſme heure aloint par le jardin ouïr la meſſe , on nous pria de
vouloir atandre , ce que je ne vouſis (*a*) pas faire. Nous rancontrions
en chemin force proſſeſſions ; la ba-
niere va devant, les fames après , la

(*a*) Voulus.

plufpart fort belles, a tout (*a*) des
chapeaus de paille, qui fe font plus
excellans en cete contrée qu'en lieu
du monde, & bien vetues pour fames de village, les mules & efcar-
pins blancs. Après les fames, marche
le Curé, & après lui les mafles (*b*).
Nous avions veu le jour avant une
proffeffion de Moines, qui avoint
quafi tous de ces chapeaus de paille.
Nous fuivifmes une très bele pleine
fort large, & à dire le vrai, je fus
quafi contreint de confeffer que ny
Orleans, ny Tours, ny Paris, mefmes en leurs environs, ne font ac-
compaignés d'un fi grand nombre de
maifons & villages, & fi louin que
Florance : quant à beles maifons &
Palais, cela eft hors de doubte. Le
long de cete route, nous nous randifmes à difner à

(*a*) Avec.
(*b*) Les hommes.

PRATO, petite ville, dix milles, audict Duc, assise sur la riviere de Bisanzo, laquelle nous passames sur un pont de pierre à la porte de ladicte ville. Il n'est nulle region si bien accommodée, entr'autres choses, de pons & si bien estoffés; aussi le long des chemins partout on rancontre des grosses pierres de taille, sur lesqueles est escrit ce que chaque contrée doit rabiller de chemin, & en respondre. Nous vismes là au Palais dudict lieu les armes & nom du Legat du Prat (*a*), qu'ils disent être

------

(*a*) *Antoine Duperat*, Chancelier de France, puis, après avoir possédé successivement plusieurs Evêchés, Archevêque de Sens, Cardinal & Légat *à latere* en France. On lui attribue *la Vénalité des charges de Judicature*, établie par Louis XII, & le fameux Concordat entre François I & Léon X.

oriunde (*a*) de là. Sur la porte de ce Palais eſt une grande ſtatue coronée, tenant le monde en ſa mein, & à ſes pieds (*b*), Rex Robertus (*c*). Ils diſent là que cete ville a été autreffois à nous ; les flurs de lis y ſont partout : mais la ville de ſoi (*d*) porte de gueules ſemé de flurs de lis d'or. Le dome y eſt beau & enrichi de beaucoup de mabre blanc & noir. Au partir de là, nous priſmes un'autre traverſe de bien 4 milles de deſtour, pour aler al Poggio, maiſon

---

(*a*) Originaire.

(*b*) Eſt écrit.

(*c*) Quel eſt ce Roi Robert ? Eſt-ce le fils de Hugues Capet, *Robert* le dévot, Roi de France ? On ne lit point qu'il ait été en Italie. Eſt-ce Robert I ſon fils, chef de la premiere branche Royale des Ducs de Bourgogne ?

(*d*) C'eſt-à-dire, mais la ville a pour armoiries, de gueules ſemé de fleurs de lys d'or, ou *ſemé de France*.

de quoi ils font grand fefte apartenant au Duc , aſſis ſur le fluve Umbrone ; la forme de ce baſtimant eſt
lemodele de Pratolino (*a*). C'eſt
merveille , qu'en ſi petite maſſe il y
puiſſe tenir çant (*b*) très beles chambres. J'y vis entr'autres choſes , des
lits grand nombre de très-bele etoffe, & (*c*) de nul pris : ce ſont de ces
petites etoffes bigarrées , qui ne ſont
que de leine fort fine , & les dou-
blent de tafetas à quatre fils de meſme
colur (*d*) de l'eſtoffe. Nous y viſmes le cabinet des diſtiloirs (*e*) du Duc
& ſon ouvroir du tour, & autres
inſtrumans : car il eſt grand mecha-

(*a*) Voyez *tom.* II, *pag.* 44.

(*b*) Cent.

(*c*) Et, *c'eſt-à-dire* , mais.

(*d*) Couleur.

(*e*) C'eſt-à dire , le Laboratoire , pourvu d'alembics & de fourneaux à diſtiller.

nique

nique (*a*). Delà par un chemin très droit & le païs extrememant fertile, le chemin clos d'abres, ratachés de vignes qui faict la haie, chose de grande beauté, nous nous randismes à souper à

PISTOIE, quatorze milles. Grande ville sur la riviere d'Umbrone; les rues fort larges, pavées come Florance, Prato, Lucques, & autres, de grandes plaques de Pierre fort larges. J'obliois à dire que des salles de Poggio, on voit Florance, Prato & Pistoïa, de la table : le Duc etoit lors à Pratolino. Audict Pistoïe, il y a fort peu de peuple, les Eglises belles, & plusieurs belles maisons (*b*) Je m'enquis de la vante des chapeaus de paille, qu'on fit 15 s. Il me samble qu'ils vaudroint

----

(*a*) Mécanicien.

(*b*) Les Italiens la nomment *Pistoïa la bene strutta*, Pistoye la bien bâtie.

bien autant de francs (*a*) en France. Auprès de cette ville & en son territoire, fut ancienemant deffaict Catilina. (*b*). Il y a à Poggio, de la tapisserie represantant toute sorte de chasses ; je remercai entr'autres une pante (*c*) de la chasse des Autruches, qu'ils font suivre à gens de cheval & enferrer à-tout (*d*) des Javelots. Les Latins apelent Pistoïa, Pistorium (*e*); elle est au Duc de

---

(*a*) Ou de livres Tournois.

(*b*) Le combat se donna dans une plaine, bordée à gauche par des montagnes, & à droite par un roc escarpé. Catilina fut, non-seulement défait, mais périt lui-même ; il fut trouvé percé de coups, expirant sur un monceau de morts, & le visage encore animé de toute sa férocité naturelle : *Ferociamque animi quam habuerat vivus, in vultu retinens*, dit Salluste.

(*c*) Tenture.

(*d*) Avec.

(*e*) Et *Pistoria.*

Florance. Ils difent que les brigues
antienes des maifons de Cancellieri
& Panfadiffi, qui ont eté autrefois,
l'ont einfi randue come inhabitée, de
maniere qu'ils ne content que huit
mille ames en tout; & Lucques qui
n'eft pas plus grande, fait vint &
cinq mille habitans & plus. Meffer
Tadeo Rofpiglioni (*a*), qui avoit eu
de Rome lettre de recommandation
en ma faveur, de Giovanni Franchi-
ni, me pria à difner le landemein,
& tous les autres qui etions de compaignie. Le Palais fort paré, le fervice
un peu farouche (*b*) pour l'ordre
des mets, peu de viande, peu de valets; le vin fervi encores après le
repas, comme en Allemaigne. Nous
vifmes les Eglifes : à l'élevation, on
y fonnoit en la maitreffe Eglife les

(*a*) C'eft *Rofpigliofi* : le Pape Clément IX,
Tofcan, étoit de cette famille.

(*b*) Etrange, bifarre.

N ij

trompettes. Il y avoit parmi les enfans de ceurs (*a*) des Prestres revestus, qui sonnoint des saquebutes. Cete poure (*b*) ville se païe de la libéralité perdue sur cete veine image de sa forme antiene. Ils ont neuf premiers (*c*) & un Gonfalonier qu'ils elisent de deus en deus mois. Ceusci ont en charge la police, sont nourris du Duc, com'ils étoint antienemant du Publiq, logés au Palais, & n'en sortent jamais guiere que tous ensamble, y etant perpetuelemant enfermés. Le Gonfalonier marche devant le Potesta que le Duc y envoïe, lequel Potesta en effaict a toute puissance; & ne salue ledict Gonfalonier personne, contrefaisant une petite roïauté imaginere. J'avois pitié de les voir se paitre de cete singerie,

----

(*a*) Chœur.
(*b*) Pauvre.
(*c*) Magistrats.

& cependant le Grand-Duc a accreu
les subsides des dix pars sur les antiens. La plufpart des grans jardins
d'Italie nourriffent l'herbe aus maif-
treffes allées & la fauchent. Environ
ce tamps-là comançoint à murir les
ferifes ; & fur le chemin de Piftoïe
à Luques, nous trouvions des jans
de village qui nous prefentoint des
bouquets de frefes à vandre. Nous en
partifmes Jeudi, jour de l'Afcenfion
après difner, & fuivifmes premieremant un tamps cete pleine, & puis
un chemin un peu montueus, &
après une très-belle & large pleine.
Parmi les champs de bled, ils ont
force abres bien rangés, & ces abres
couverts & ratachés de vigne de l'un
à l'autre : ces champs famblent être
des jardins. Les montaignes qui fe
voïent en cete route font fort couvertes d'abres, & principalemant
d'oliviers, chataigniers, & muriers
pour leurs vers à foïe. Dans cete
pleine fe rancontre.   N iij

LUCQUES, vint milles. Ville d'un tiers plus petite que Bourdeaus, libre, sauf que pour sa foiblesse elle s'est jettée sous la protection de l'Ampereur & maison d'Austriche. Elle est bien close & flanquée; les fossés peu enfoncés, où il court un petit canal d'eaus, & pleins d'herbes vertes, plats & larges par le fons. Tout au tour du mur, sur le terre-plein de dedans, il y a deux ou trois rancs d'abres plantés qui servent d'ombrage, & disent-ils de fascines à la nécessité (*a*). Par le dehors vous ne voyés qu'une forest qui cache les maisons. Ils font tousiours garde de trois cens soldats etrangiers. La ville fort peuplée, & notammant d'artisans de soïe; les rues étroites, mais belles, & quasi partout des belles & grandes maisons. Ils passent au travers un petit canal de la riviere Cerchio; ils batissent un Palais de cent

---

(*a*) Au besoin.

trente mille escus de despanse, qui
est bien avansé. Ils disent avoir six
vins mille ames de sujets, sans la
ville. Ils ont quelques Chatelets (*a*),
mais nulle ville en leur subjection.
Leurs Jantilshommes & jans de guerre font tous estat de marchandises:
Les Buonvisi y sont les plus riches.
Les Estrangiers n'y entrent que par
une porte où il y a une grosse Garde.
C'est l'une des plus plesantes assietes de ville que je vis jamais, envi-
ronnée de deus grans lieus de pleine,
belle par excellance au plus étroit,
& puis de belles montaignes & collines, où pour la pluspart ils se sont
logés aus champs. Les vins y sont
mediocremant bons; la cherté à vint
sols par jour; les hosteleries à la mode du païs, assés chetives. Je receus
force courtoisies de plusieurs particuliers, & vins & fruits & offres

------

(*a*) Petits Châteaux.

d'arjant. J'y fus Vandredi, Sammedi
& en partis le Dimanche après difner, pour autrui, non pas pour moi
qui etois à jun. Les collines les plus
voiſines de la ville ſont garnies de
tout plein de maiſons pleſantes, fort
eſpais; la plus part du chemin fut
par un chemin bas, aſſés aiſé entre
des montaignes, quaſi toutes fort
ombragées & habitables partout le
long de la riviere de Cerchio. Nous
paſſames pluſieurs villages & deus
fort bourgs Reci & Borgo, & audeça ladicte riviere que nous avions
à notre mein droite, ſur un pont de
hautur (*a*) inuſitée, ambraſſant d'un
ſurarceau une grande largeur de ladicte riviere, & de cette façon de
pons nous en viſmes trois ou quarre.
Nous vinmes ſur les deus heures
après midi au

BEIN (*b*) *DELLA VILLA*, ſeize

(*a*) Hauteur.
(*b*) Ou *Bagno*.

milles. C'eſt un païs tout montueus.
Audavant du bein, le long de la riviere, il y a une pleine de trois ou
quatre çans pas, audeſſus de laquele
le bein eſt relevé le long de la côte
d'une montaigne médiocre, & relevé environ come la fontaine de
Banieres, où l'on boit près de la
ville. Le Site où eſt le bein a quelque
choſe de plein, où ſont trante ou
quarante maiſons très-bien accommodées pour ce ſervice, les chambres jolies, toutes particulieres, &
libres qui veut, à-tout (*a*) un retret
(*b*) (chacune) & ont un'entrée pour
s'entreatacher (*c*), & un autre pour
ſe particulariſer. Je les reconnus quaſi
toutes avant que de faire marché, &
m'aretai à la plus belle, notammant
pour le proſpect (*d*) qui regarde (au

(*a*) Avec.
(*b*) Une garde robe ou lieu privé.
(*c*) Pour communiquer.
(*d*) La vue.

N v

moins la chambre que je choisis) tout ce petit fons, & la riviere de la lima, & les montaignes qui couvrent ledict fons, toutes bien cultivées & vertes jusques à la sime, peuplées de chataigniers & oliviers, & ailleurs de vignes qu'ils plantent autour des montaignes, & les enceignent (*a*) en forme de cercles & de degrés. Le bort du degré vers le dehors un peu relevé, c'est vigne; l'enfonceure de ce degré, c'est bled. De ma chambre j'avois toute la nuit bien doucemant le bruit de cette riviere. Entre ces maisons est une place à se proumener, ouverte d'un costé en forme de terrasse, par laquele vous regardés ce petit plein sous l'allée d'une treille publique, & voiés le long de la riviere dans ce petit plein, à deus cens pas, sous vous, un beau petit village qui sert aussi à ces beins,

____

(*a*) Les disposent circulairement.

quand il y a preſſe. La pluſpart des
maiſons neufves , un beau chemin
pour y aler , & une belle place audict village. La pluſpart des habitans
de ce lieu ſe tienent là l'hiver , &
y ont leurs boutiques , notammant
d'apotiquerie ; car quaſi tous ſont
Apotiqueres. Mon hôte ſe nome le
Capitene Paulini , & en eſt un. Il
me donna une ſalle , trois chambres ,
une cuiſine & encore un'apant (*a*)
pour nos jans , & là dedans huit
lits , dans les deus deſquels il y avoit
pavillon ; fourniſſoit de ſel , ſerviete
le jour , à trois jours une nape , tous
utanſiles de fer à la cuiſine , & chan-
deliers , pour unſe eſcus , qui ſont
quelques ſous plus que dix piſtolets (*b*) pour quinze jours. Les pots ,
les plats , aſſietes qui ſont de terre ,
nous les achetions , & vertes & cou-

(*a*) Appentis.
(*b*) Environ cinquante livres.

teaus ; la viande s'y treuve autant
qu'on veut , veau & chevreau ; non
guiere autre chose. A chaque logis
on offre de vous faire la despanse , &
croi qu'à vint sous par home on
l'aroit (a) par jour; & si vous la voulés faire , vous trouvés en chaque
logis quelque home ou fame capable
de faire la cuisine. Le vin n'y est
guiere bon ; mais qui veut en fait
porter ou de Pescia ou de Lucques.
J'arrivai là le premier , sauf deus Jan-
tilhomes Bolonois qui n'avoint pas
grand trein; einsi j'eus à choisir & ,
à ce qu'ils disent , meilleur marché
que je n'cusse eu en là presse , qu'ils
disent y être fort grande; mais leur
usage est de ne comancer qu'en Juin ,
& y durer jusques en Septambre :
car en Octobre ils le quittent & s'y
fait des assamblées souvant pour la
sule recreation; ce qui se faict plus-

(a) L'auroit.

tot , come nous en trouvasmes qui
s'en retournoint y aïant deja été un
mois, ou en Octobre , est extraordinere. Il y a en ce lieu une maison
beaucoup plus magnifique que les
autres des Sieurs Buonvisi, & certes
fort belle ; ils la noment le Palais.
Elle a une fontene belle & vive dans
la salle , & plusieurs autres commodités. Elle me fut offerte , au moins
un appartement de quatre chambres
que je voulois, & tout , si j'en eusse
eu besouin. Les quatre chambres
meublées come dessus , ils me les eus-
sent laissées pour vint escus du païs
pour quinse jours ; j'en vousis (a)
doner un escu par jour pour la consideration du tamps & pris , qui
change. Mon hoste n'est obligé à
notre marché que pour le mois de
May; il le faudra refaire , si j'y veus
plus arrester. Il y a ici de quoi boire

____

(a) Voulus.

& aussi de quoi se beigner. Un bein couvert, vouté, & assés obscur, large come la moitié de ma salle de Montaigne. Il y a aussi certein esgout qu'ils noment la Doccia (*a*) ; ce sont des tuïeaus par lesquels on reçoit l'eau chaude en diverses parties du cors & notamment à la teste, par des canaus qui descendent sur vous sans cesse, & vous vienent batre la partie, l'echauffent, & puis l'eau se reçoit par un canal de bois, come celui des buandieres, le long duquel elle s'écoule. Il y a un autre bein vouté de mesme & obscur pour les fames : le tout (*b*) d'une fonteine de laquelle on boit, assés mal plaisammant assise, dans une enfonceure où il faut descendre quelques dégrés.

Le Lundi huit de Mai au matin, je pris à grande difficulté de la casse

---

(*a*) La Douge, ou Douche.
(*b*) Provenant.

que mon hoste me præsenta , non
pas de la grace (*a*) de celui de Rome,
& la pris de mes meins. Je disnai
deus heures après, & ne peus ache-
ver mon disner ; son operation me
fit randre ce que j'en avois pris, &
me fit vomir encores despuis. J'en fis
trois ou quatre selles avec grand
dolur de vantre , à cause de sa van-
tosité qui me tourmenta près de vint-
quatre heures , & me suis promis de
n'en prandre plus. J'eimerois mieus
un accès de cholique , aiant mon
vantre einsin (*b*) esmeu , mon gout
altéré , ma santé troublée de cette
casse : car j'étois venu là en bon estat,
en maniere que le Dimanche après
souper , qui étoit le sul repas que
j'eusse faict ce jour , j'alai fort ale-

____

(*a*) Avec la politesse & l'intelligence de
l'Apothicaire de Rome. *Voy. ci-dev.* pag.
89.

(*b*) Ainsi.

gremant voir le bein de Corſena, qui
eſt à un bon demi mille de là, à
l'autre viſage (a) de cete meſme
montaigne,,qu'il faut monter & de-
valer après, environ à meſme hautur que les beins de deça. Cet autre
bein eſt plus fameus pour le bein &
la Doccia ; car le noſtre n'a nul ſervice receu communéemant (b) ny
par les Medecins ny par l'uſage, que
le boire ; & dict-on que l'autre eſt
plus antienemant conu. Toutefois
pour avoir cete vieilleſſe qui va juſques au ſiecles des Romeins, il ny
a nulle trace d'antiquité ny en l'un
ny en l'autre. Il y a là trois ou quatre grans beins voutés, ſauf un trou
ſur le milieu de la voute, com'un
ſoupirail ; ils ſont obſcurs & mal plai-

(a) Face.

(b) C'eſt-à-dire, n'eſt pas communé-
ment ordonné par les Médecins, ni fré-
quenté par les malades.

fans. Il y a un'autre fonteine chaude
à deus ou trois çans pas de là un peu
plus haut en ce mefine mont, qui
fe nome de Saint Jan, & là on y a
faict une loge à trois beins auffi couverts; nulle maifon voifine, mais
il y a de quoi y loger un materas (*a*)
pour y repofer quelque heure du
jour. A Corfena, on ne boit du tout
pouint. Au demeurant, ils diverfi-
fient l'operation de fes eaus qui re-
freche (*b*) qui efchauffe, qui pour
telle maladie, qui pour telle autre,
& là-deffus mille miracles; mais en
fomme, il n'y a nulle forte de mal
qui n'y treuve fa guerifon. Il y a un
beau logis à plufieurs chambres, &
une vintene d'autres non guiere
beaus. Il n'y a nulle comparefon en

(*a*) Matelas, c'eft-à-dire, un lit de
camp.

(*b*) Soit pour rafraîchir, foit pour ré-
chauffer, foit, &c.

cela de leur commodité à la noſtre, ny de la beauté de la veue, quoiqu'ils aïent noſtre riviere à leurs pieds & que leur veue s'étande plus longue dans un vallon, & ſi (*a*) ſont beaucoup plus chers. Pluſieurs boivent ici, & puis ſe vont beigner là. Pour cet'heure Corſena a la reputation. Le Mardi, neuf de Mai 1581, bon matin, avant le ſoleil levé, j'alai boire du ſurjon meſme de notre fonteine chaude, & en beus ſept verres tout de ſuite, qui tienent trois livres & demie : ils meſurent einſi. Je croi que ce ſeroit à douze, notre carton (*b*). C'eſt un'eau chaude fort moderéemant, come celle d'Aigues-Caudes ou Barbotan, aïant moins de gout & ſaveur que nulle autre que j'aïe jamais beu. Je n'y peus (*c*) aper-

---

(*a*) Et ſi, & cependant.

(*b*) A douze livres notre quarte.

(*c*) Pûs.

cevoir que fa tiedur, & un peu de douceur. Pour ce jour elle ne me fit null'operation, & fi fus cinq heures defpuis boire jufques au difner, & n'en randis une fule goute. Aucuns difoint que j'en avois pris trop peu : car là ils en ordonent un fiafque (a) : font deus boccals (b) qui font huit livres, fefe ou dix fept verres des miens. Moi je penfe qu'elle me trouva fi vuide à-caufe de ma medecine, qu'elle trouva place à me fervir d'alimant (c). Ce mefme jour je fus vifité d'un jantil home Boulonois, Colonel de doufe çans homes de

____

(a) *Una fiafca*, grande bouteille de verre platte.

(b) Ou bocaux.

(c) C'eft l'effet que font quelques médecines dans certaines difpofitions ; ce qui peut porter dans le fang un mauvais levain, mais eft encore moins dangereux que les *fuperpurgations.*

pied, aus gages de cete seigneurie,
qui se tient à quatre milles des beins;
& me vint faire plusieurs offres, &
fut aveq moi environ deus heures;
comanda à mon hoste & autres du
lieu de me favoriser de leur puissance. Cete seigneurie a cete regle de
se servir d'Officiers etrangiers, &
leur done un Colonel à leur co-
mander : qui a plus grande, qui
moindre charge. Les Colonels sont
païés ; les Capitaines qui sont des
habitans du païs ne le sont qu'en
guerre, & comandent aus compaignies particulieres lors du besouin.
Mon Colonel avoit sese escus par
mois de gages, & n'a charge que de
se tenir prest. Ils vivent plus sous
regle (*a*) en ces beins ici qu'aus
nostres, & junent fort, notammant
du boire. Je m'y trouvois mieus logé
qu'en nuls autres beins, fut-ce à Ba-

______

(*a*) Observent plus de régime.

nieres. Le fit (*a*) du païs eft bien auffi beau à Banieres , mais en nuls autres beins; les lieus à fe beigner à Bade furpaffent en magnificence & commodité tous les autres de beaucoup; le logis de Bade comparable à tout autre , fauf le profpet (*b*) d'ici. Mercredi bon matin , je rebeus de cet'eau, & etant en grand peine du peu d'operation que j'en avoi fenti le jour avant ; car j'avoi bien faict une felle foudein après l'avoir prife , mais je randois (*c*) cela à la medecine du jour præcedant, n'aiant faict pas une goute d'eau qui retirât (*d*) à celle du bein. J'en prins le Mecredi , fept verres mefurés à la livre , qui fut pour le moins double de ce que j'en avois pris pour l'autre jour, & croi

---

(*a*) Site , *Situs.*
(*b*) Profpect.
(*c*) J'attribuois.
(*d*) Eût aucun rapport.

que je n'en ai jamais tant pris en un
coup. J'en fantis un grand defir de
fuer, auquel je ne vonfis (*a*) nullemant eider, aïant fouvant oui dire
que ce n'etoit pas l'effaict qu'il me
faloit ; & , come le premier jour , me
contins en ma chambre, tantoft me
promenant , tantoft en repos. L'eau
s'achemina plus par le derriere , &
me fit faire plufieurs felles lâches &
cleres , fans aucun effort. Je tien
qu'il me fit mal de prandre cete pur-
gation de caffe , car l'eau trouvant
nature acheminée par le derriere &
provoquée , fuivit ce trein-la; là où
je l'euffe , à-caufe de mes reins, plus
defirée par le devant; & fuis d'opinion , au premiers beins que je pran-
derai , de fulemant me preparer aveq
quelque june (*b*) le jour avant. Auffi
crois-je que cet'eau foit fort lâche

(*a*) Ne voulus.
(*b*) Jeûne , ou diète.

& de peu d'operation , & par con-
féquant sûre & pouint de hafard : les
aprantis & delicats y feront bons. On
les prant pour refrefchir le foïe , &
ofter les rougeurs de vifage : ce que
je remerque curieufemant pour le
fervice que je dois à une très ver-
tueufe Dame de France. De l'eau de
Saint Jan , on s'en fert fort aus fars
(a) , car ell'eft extrememant huileufe.
Je voïois qu'on en emportoit à pleins
barrils aus païs etrangiers , & de cele
que je beuvois encore plus , à force
afnes & mulets , pour Reggio , Modène , la Lombardie , pour le boire.
Aucuns la prenent ici dans le lit , &
leur principal ordre eft de tenir l'eftomac & les pieds chaus , & ne fe
branler (b) guieres. Les voifins la
font porter à trois ou quatre milles

(a) *Fards* ou Pommades pour le tein.
(b) Faire peu d'exercice, ne fe bou-
ger.

à leurs maiſons. Pour montrer qu'elle n'eſt pas fort apéritive , ils ont en uſage de faire aporter de l'eau d'un bein près de Piſtoïc , qui a le gouſt acre & très chaude en ſon nid (*a*) ; & en tienent les Apotiqueres d'ici pour en boire avant celle d'ici , un verre , & tienent qu'elle achemine cete ci , etant active & apéritive. Le ſegond jour je rendis de l'eau blanche , mais non ſans quelque altération de colur (*b*) , com'ailleurs , & fis force ſable ; mais il etoit acheminé par la caſſe. J'appris là un accidant mémorable. Un habitant du lieu , ſoldat qui vit encore , nomé Giuſeppe , & comande à l'une des galeres des Genevois (*c*) en forçat , de qui je vis pluſieurs parans proches , etant à la

---

(*a*) A ſa ſource , à la fontaine.

(*b*) Couleur.

(*c*) C'eſt-à-dire , Génois.

guerre ſur mer, fut pris par les Turcs.
Pour ſe mettre en liberté, il ſe fit
Turc, (& de cete condition il y en
a pluſieurs, & notammant des montaignes voiſines de ce lieu, encore
vivans), fut circuncis, ſe maria là.
Eſtant venu piller cete coſte, il s'e-
louigna tant de ſa retrete que le
voilà, aveq quelques autres Turcs,
attrapé par le Peuple qui s'etoit ſoublevé. Il s'aviſe ſoudein de dire qu'il
s'eſtoit venu randre à eſciant (a),
qu'il eſtoit Chrétien, fut mis en
liberté quelques jours après, vint en
ce lieu, & en la maiſon qui eſt vis-
à vis de cele où je loge : il entre, il
rancontre ſa mere. Elle lui demande
rudemant qui il etoit, ce qu'il vouloit : car il avoit encore ſes veſtemans
de Matelot, & étoit eſtrange de le
voir là. Enfin il ſe faict conètre : car
il etoit perdu deſpuis dix ou douſe

(a) De bon gré.

ans , ambraſſe ſa mere. Elle aïant
faict un cri , tumbe toute éperdue ,
& eſt juſques au landemein qu'on
n'y coneſſoit quaſi pouint de vie , &
en étoint les Medecins du tout déſeſ-
perés. Elle ſe revint enfin & ne veſ-
cut guiere depuis , jugeant chacun
que cete ſecouſſe lui acourſit (a) la
vie. Noſtre Giuſeppe fut feſtoïé d'un
checun , receu en l'Egliſe à abjurer
ſon erreur , reçeut le Sacremant (b)
de l'Eveque de Lucques , & pluſieurs autres ſerimonies : mais ce
n'etoit que baïes (c). Il étoit Turc
dans ſon ceur , & pour s'y en retourner , ſe deſrobe d'ici , va à Veniſe ,
ſe remeſle aus Turs , reprenant ſon
voïage. Le voilà retumbé entre nos
meins , & parceque c'eſt un home
de force inuſitée & ſoldat fort en-

(a) Abrégea.
(b) L'abſolution.
(c) Tromperies.

tandu en la Marine, les Genevois (a)
le gardent encore, & s'en servent,
bien ataché & garroté Cete Nation
a force soldats qui sont tous enre-
gistrés, des habitans du païs, pour
le service de la seigneurie. Les Colonels n'ont autre charge que de les
exercer souvant, faire tirer, escar-
moucher, & teles choses, & sont tous
du païs. Ils n'ont nuls gages, mais
ils peuvent porter armes, mailles (b),
harquebouses, & ce qui leur plait;
& puis ne peuvent étre sesis au cors
pour aucun debre, & à la guerre
reçoivent païe. Parmi eus sont les
Capitenes, Anseignes, Sarjans. Il
n'y a que le Colonel qui doit estre
de nécessité étrangier & païé. Le
Colonel del Borgo, celui qui m'é-
toit venu visiter le jour avant, m'envoïa dudict lieu (qui est à quatre

____

(a) Génois.
(b) Cottes de mailles, ou cuirasses.

milles du bein) un home, avec fefe
citrons & fefe artichaus. La douceur
& foibleffe de cet'eau s'argumante
encore de ce que elle fe tourne fi
facilemant en alimant ; car elle fe
teint & fe cuit foudein, & ne done
pouint ces pouintures des autres à
l'appetit (*a*) d'uriner, come je vis
par mon experiance & d'autres en
mefme tamps. Encore que je fuffe
plefammant & très commodemant logé, & à l'envi de mon logis de Rome,
fi n'avois-je ny chaffis ny cheminée,
& encore moins vitres en ma chambre. Cela montre qu'ils n'ont pas en
Italie les orages fi frequans que nous ;
car cela, de n'avoir autres fenetres
que de bois quafi en toutes les maifons, ce feroit une in commodité in-
fupportable : outre ce, j'étois couché
très-bien. Leurs lits, ce font petits
mechans treteaus fur lefquels ils je-

(*a*) Quand on veut uriner.

cent des esses (*a*), selon la longur &
largeur du lit ; là dessus une paillasse,
un materas (*b*), & vous voilà logé
très bien, si vous avés un pavillon.
Et pour faire que vos treteaus & esses
ne paroissent, trois remedes : l'un
d'avoir des bandes, de mesme que
le pavillon, come j'avois à Rome;
l'autre, que votre pavillon soit assés
long pour pandre jusques à terre, &
couvrir tout, ce qui est le meil-
lur; le tiers, que la couverte qui se
ratache par les couins avec des bou-
tons, pande jusques à terre, qui
soit de quelque legere etoffe, come
de futeine blanche, aïant audessous
un'autre couverte pour le chaut. Au
moins j'aprans pour mon trein cet'-
epargne pour tout le commun de
chés moi, & n'ai que faire de cha-
lits. On y est fort bien, & puis c'est

____

(*a*) Des tringles, ou des barres de bois.
(*b*) Matelas.

O iij

une recette contre les punèſes. Le
meſme jour , après diſner , je me
beignai , contre les regles de cete
contrée , où on dict que l'une operation ampeche l'autre ; & les veulent
diſtinguer , boire tout de ſuite , &
puis beigner tout de ſuite. Ils boivent huit jour , & beignent trante :
boire en ce bein & beigner en l'autre. Le bein eſt très-dous & pleſant;
j'y fus demi heure , & ne m'eſmeut
qu'un peu de ſueur : c'etoit ſur l'heure de ſouper. Je me cochai (*a*) au
partir delà , & ſoupai d'une ſalade
de citron ſucrée , ſans boire ; car ce
jour je ne beus pas une livre (*b*) , &
croi , qui eût tout conté (*c*) juſques
au landemein , que j'avoi randu par
ce moien à peu près l'eau que j'avoi
priſe. C'eſt une ſotte coſtume de con-

(*a*) Couchai.
(*b*) D'eau.
(*c*) Compté.

ter ce qu'on pisse. (*a*). Je ne me
trouvois pas mal, eins (*b*) gaillard,
come aus autres beins; & si etois en
grand peine de voir que mon eau ne
se randoit pas, & à l'advanture m'en
etoit il autant advenu ailleurs. Mais
ici de cela, ils font un accidant mor-
tel, & dès le premier jour si vous
faillés à randre les deus pars au
moins, ils vous conseillent d'abandoner le boire, ou prandre medecine.
Moi, si je juge bien de ces eaus,
elles ne font ny pour nuire beaucoup, ny pour servir : ce n'est que
lâcheté & foiblesse, & est à crain-

(*a*) Nous ne demandons point grace
pour tous ces détails, qui ne sont ni ra-
goûtans ni curieux. On les pardonnera, si
l'on veut, à Montaigne; mais on voit
qu'ils entroient si bien dans son genre d'é-
goïsme, qu'il en a semé ses *Essais*. Nous
ne pouvons donc les supprimer, sans al-
térer le compte qu'il se rend à lui-même.

(*b*) Mais.

dre qu'elles eschauffent plus les reins qu'elles ne les purgent; & croi qu'il me faut des eaus plus chaudes & apéritives. Le Jeudi matin j'en rebus cinq livres, creignant d'en estre mal servi & ne les vuider. Elles me firent faire une selle, uriner fort peu, & ce mesme matin escrivant à M. Ossat (a), je tumbe en un pansemant si pénible de M. de la Boétie (b), &

(a) Le même qui fut depuis Cardinal, & Négociateur célébre.

(b) *Etienne de la Boétie*, l'ami le plus intime & le plus chéri de Montaigne, Auteur du Discours intitulé : *De la servitude volontaire. Voyez* son éloge dans les *Essais,* *l.* 2, *ch.* 17, & *tom.* 3, *pag.* 407. 413, de l'édition *in-*4. *Paris*, 1725. La Boétie étoit mort depuis environ dix-huit ans, (en Août 1563) : ce qui fait l'éloge du caractere de Montaigne & de son illustre ami. *L'amitié après la mort* n'est donc pas absolument une chimère ? Au moins paroît-il que Montaigne étoit capable d'un senti-

y fus si longtamps, sans me raviser,
que cela me fit grand mal. Le lit de
cet'eau est tout rouge & rouillé, &
le canal par où elle passe : cela, meslé
à son insipidité, me faict crère qu'il
y a bien du fer, & qu'elle resserre.
Je ne randis le Jeudi, en cinq heures que j'atandis à disner, que la
cinquiesme partie de ce que j'avois
beu. La vaine chose que c'est que la
medecine (*a*). Je disois par rancon-

---

ment qu'on regarde volontiers comme ro-
manesque, parce qu'en effet, il est bien
rare qu'il subsiste encore, ou qu'il existe
long-tems, quand l'objet qui l'a produit
n'est plus. Seroit-ce que dans les ames d'une
certaine trempe, la serie des impressions
sensibles s'étend au-delà du terme ordinaire : comme dans un membre coupé on sent
quelquefois une douleur locale qui n'existe
que dans le cerveau, puisque le membre
n'est plus, & que l'on pourroit appeller une
réminiscence physique ?

(*a*) On a déja vu par les *Essais* de Mon-

tre, que me rapantois de m'estre tant
purgé, & que cela faisoit que l'eau
me trouvant vuide, servoit d'alimans
& s'arretoit. Je vien de voir un Medecin imprimé (*a*), parlant de ces
eaus, nomé Donati, qui dit qu'il
conseille de peu disner, & mieus
souper. Come je continuai landemein
à boire, je croi que ma conjecture
lui sert : son compaignon Franciotti,
est au contrere, come en plusieurs
autres choses. Je santois ce jour là
quelques poisanteurs de reins que je
creignois que les eaus mesmes me
causassent, & qu'elles s'y croupis-
sent : si est-ce qu'à conter tout ce
que je randois en 24 heures, j'arri-
vois à mon pouint à peu près, atan-
du le peu que je beuvois aus repas.
Vandredi je ne beus pas, & au lieu
de boire, m'alai beigner au matin &

---

taigne, qu'il étoit rempli de préjugés con°
tre la médecine & les Médecins.

(*a*) C'est-à-dire, dont on a un Ouvrage
imprimé sur ces eaux.

m'y laver la teſte, contre l'opinion commune du lieu. C'eſt un uſage du païs d'eider leur eau par quelque drogue meſlée, come de ſucre candi, ou manne, ou plus forte medecine, encore qu'ils meſlent au premier verre de leur eau & le plus ordinere-mant, de l'eau del Teſtuccio, que je tâtai : elle eſt ſalée. J'ai quelque ſoup-çon que les Apotiqueres, au lieu de l'envoïer querir près de Piſtoïe où ils diſent qu'elle eſt, ſophiſtiquent quelque eau naturelle : car je lui trouvai la ſaveur extraordinaire, ou-tre la ſalure. Ils la font rechaufer & en boivent au comancemant un, deus, ou trois verres. J'en ai veu boire en ma preſance, ſans aucun effaict. Autres mettent du ſel dans l'eau au premier & ſecond verre ou plus. Ils y eſtiment la ſueur quaſi mortelle, & le dormir ſaïant bon. Je ſantois grand actiõ de cet'eau vers la ſueur.

Fin du ſecond Volume.